Arminiu

Meinem Vater Wilhelm Brepohl,
der schon früh mein Interesse an
Geschichte weckte

Die Abbildung auf dem Umschlag zeigt das Gemälde „Varusschlacht" von O.A. Koch, Öl auf Leinwand, 1909 (Lippisches Landesmuseum Detmold)

Wilm Brepohl

Arminus gegen Germanicus

Der Germanicus-Feldzug im Jahre 16 n. Chr. und seine Hintergründe

Aschendorff Verlag

2., erweiterte und aktualisierte Auflage 2012

Der Verfasser dankt ausdrücklich Frau Dr. Gabriele Isenberg, Direktorin der LWL-Archäologie für Westfalen i.R., Herrn Prof. Dr. Klaus Temlitz, Geographische Kommission für Westfalen, und insbesondere Herrn Dr. Rudolf Aßkamp, Leiter des LWL-Römermuseums in Haltern am See für Ermutigung und Unterstützung.

Verlag: Aschendorff Verlag GmbH & Co. KG, Münster

Druck: Aschendorff Druckzentrum GmbH & Co. KG, Münster

ISBN 978-3-402-11787-3

Inhalt

A. Zur Vorgeschichte und Vorbereitung des Feldzuges

B. Der Aufmarsch der Streitmacht (Seetransporte und Landwege)

A. Zur Vorgeschichte und Vorbereitung des Feldzuges

Roms Reaktionen auf die Varusniederlage im Jahre 9 n Chr.

Die für Rom sowohl militärisch als auch psychologisch verheerende Niederlage des Varus im Jahre 9 n. Chr.[1] führte nicht nur zum Verlust dreier römischer Legionen, sondern auch zur Preisgabe des zuvor römisch kontrollierten und besetzten rechtsrheinischen Germaniens zwischen Rhein und Weser. Tiberius, der 14 n. Chr. nach dem Tod des Kaiser Augustus sein Nachfolger im Principat wurde, gab jedoch das Ziel einer Rückgewinnung dieser germanischen Gebiete nicht auf.[2] Darin wurde er auch von der öffentlichen römischen Führungsschicht und besonders von seinem Adoptivsohn und Neffen Germanicus, dem Statthalter der Gallia Comata, der tres Galliae, und gleichzeitigen Oberbefehlshaber der römischen beiden Rheinarmeen bestärkt,[3] obwohl dies laut Tacitus (Ann. I, 11)[4] nicht dem letzten Willen des Augustus entsprochen haben dürfte.

Unmittelbar nach dem Tod des Augustus im August 14 n. Chr. trat Tiberius demnach vor den römischen Senat und ließ aus den ‚res gestae' vorlesen, die Augustus mit eigener Hand verfasst und den Rat hinzugefügt habe, das römische Reich innerhalb seiner Grenzen zu erhalten. Bereits vorher schildert Tacitus (Ann. I, 3, 6) die Situation im römischen Reich noch zu Lebzeiten des Augustus wie folgt: „Zu dieser Zeit wurde nur noch gegen die Germanen Krieg geführt, mehr zur Tilgung der Schmach über den Verlust des Heeres unter Quintilius Varus als aus dem Verlangen heraus, das Reich zu erweitern, oder im Hinblick auf einen angemessenen Lohn." Doch eine Stelle aus den ‚res gestae' könnte dem widersprechen, denn im Kapitel 26,2 seines Tatenberichtes (res gestae divi Augusti), der sich mit Germanien befasst, schreibt Augustus: „In allen Provinzen des römischen Volkes, denen

Völkerschaften benachbart waren, die unserem Befehl (noch) nicht gehorchten, habe ich die Grenzen erweitert."

Dieses Selbstzeugnis des Augustus und die „unmittelbar nach der Varus-Katastrophe getroffenen militärischen Maßnahmen lassen schwerlich auf Resignation und die Bereitschaft zu einem „Rückzug" hinter den Rhein schließen;[5] so wurden zügig sechs zusätzliche Legionen an den Rhein verlegt als Ersatz für die drei vernichteten Legionen des Varus, und seit dem Jahr 11 n. Chr. wurden von Tiberius und dann von Germanicus wiederholt militärische Vorstöße gegen die feindlichen Germanenstämme jenseits des Rheins durchgeführt.

Hinzu dürfte noch kommen, dass Rom sich auch aus völkerrechtlichen Gründen zu diesem militärischen Vorgehen berechtigt fühlte. Die römische Führung ging davon aus, die nach der Varus–Niederlage aufgegebenen germanischen Gebiete nur „vorübergehend" durch einseitigen germanischen Vertragsbruch verloren zu haben. Es galt also, durch militärischen Zwang für die Einhaltung der alten Verträge zu sorgen.

Insofern könnte die Mahnung des Augustus in seinem Tatenbericht, das römische Reich innerhalb seiner durch ihn erweiterten Grenzen zu erhalten, auch so verstanden werden, dass Augustus die nur zwangsweise vorübergehend aufgegebenen germanischen Gebiete östlich des Rheins rechtlich nach wie vor als römische Gebiete innerhalb des Reiches ansah.

Politische Motive für die Feldzüge des Germanicus

Demnach dürften wohl hauptsächlich zwei Motive für die Feldzüge des Germanicus gegen die Arminius–Koalition in den Jahren 15 u. 16 n. Chr. eine wichtige Rolle gespielt haben:

Die Tilgung der Schmach wegen des Verlustes des Varus–Heeres durch Rückgewinnung der verlorenen Legionsadler und die erneute beständige Unterwerfung der abgefallenen germanischen Stämme, zumindest zwischen Rhein und Weser, um eine dauerhafte Sicherung der Rheinlinie zu erreichen

Dabei ist davon auszugehen, dass es sowohl an der Ems als auch an der Wesermündung weiterhin römische Militär– und Flottenstützpunkte gab.

Bekanntlich blieben die Friesen und die Chauken an der Nordseeküste auch nach der Varus–Niederlage treue Bundesgenossen der Römer,[6] denn ohne militärisch gesicherte Flottenstützpunkte mit großen Proviant– und Materiallagern wäre es z. B. dem Tiberius nach der Varus–Katastrophe nicht möglich gewesen, „die Streitkräfte der Feinde mit Feldzügen der Flotte und des Landheeres“ einzuschüchtern (Velleius Paterculus 2, 121,1).

Diese Stützpunkte werden auch bei Tacitus (Ann. I, 38,1) erwähnt, da 14 n. Chr. nach dem Tode des Augustus die dort bei den Chauken stationierte römische Abteilung einen erfolglosen Aufstandsversuch unternahm. Auch aus der Stelle in den ‚res gestae' (26,2): „Die gallischen und spanischen Provinzen und ebenso Germanien, soweit sie der Ozean von Cadiz bis zur Elbmündung umschließt, habe ich unterworfen“, ergibt sich, dass 14 n. Chr. die Nordseeküste zumindest durch römische Flottenstützpunkte in den Flussmündungen als dauerhaft unterworfen angesehen wurde.

Diese Tatsache, dass mit den Friesen und Chauken nicht alle rechtsrheinischen germanischen Stämme von den Römern abgefallen waren, unterstützt die These, dass nur die Stämme der Kultgemeinschaft der Istväonen unter Führung des Cheruskers Arminius die Römer im Jahre 9 n. Chr. besiegt haben.[7] Unabhängig von ethnischer und politischer Gliederung der germanischen Bevölkerung dürfte es unbestritten sein, dass es mindestens drei germanische Kultverbände gegeben hat (die sog. Mannuskultverbände). Für das Rhein–Weser–Gebiet scheinen das archäologische Fundmaterial und das Totenbrauchtum die Zugehörigkeit der dort ansässigen Stämme zu einem gemeinsamen Kultverband zu bestätigen, die von Tacitus in der Germania (2,2) als Istvaeonen bezeichnet werden.

Die hier vertretene These geht davon aus, dass die Niederlage des Varus in einem unmittelbaren Zusammenhang mit einem großen Kultfest der Istvaeonen steht.

Die Kultgemeinschaft der Ingväonen dagegen, zu denen u. a. die Chauken gehörten, und die nach Tacitus (Germania 2) unmittelbar an der Küste des Ozeans lebten, beteiligten sich demnach nicht am Aufstand gegen Varus. Die späteren Militäroperationen der Römer hatten sich also vorrangig gegen die aufständischen Stämme zu richten, die zur Kultgemeinschaft der Istväonen im Gebiet zwischen Rhein und Weser gehörten, darunter vorrangig die Cherusker.

Von den Feldzügen des Germanicus in den Jahren 15 u. 16 n. Chr., die auch Rachefeldzüge genannt werden, existiert jedoch als einzig erhaltene antike Schriftquelle nur die Darstellung des Tacitus in den Annalen. Im Gegensatz zu den verschiedenen schriftlichen Überlieferungen über die Varus–Schlacht gibt es bei dem Bericht des Tacitus über die Germanicus–Feldzüge keine Möglichkeit, verschiedene Autorentexte zu vergleichen und zu analysieren um entsprechende Schlussfolgerungen über den mutmaßlichen Ablauf dieser Feldzüge ziehen zu können.

Der Geschichtsschreiber Tacitus

Es ist daher umso wichtiger, die historische Aussagekraft der Tacitus–Texte zu hinterfragen, ob und inwieweit sie tatsächlich die historische Realität richtig darstellen.

Tacitus wurde 55 oder 56 n. Chr. in Rom als Angehöriger des Ritterstandes geboren, wo er zum hervorragenden Redner ausgebildet wurde. Im Jahr 78 n. Chr. diente er in einer Legion als „tribunus militum“ (Stabsoffizier). Von 90 n. Chr. an bekleidete er einen hohen Offiziersrang als praetorischer Legionslegat, um im Jahre 97 n. Chr. unter Kaiser Nerva erst Konsul und dann später (112 u. 113 n. Chr.) als Proconsul Statthalter von Kleinasien zu werden.

Tacitus ist uns vor allem durch die „Germania“, die „Annalen“ (Darstellung des Zeitraumes von 14 - 28 n. Chr. und bis 66 n. Chr. mit Textlücken) und die „Historien“ (Darstellung des Zeitraumes von 69 bis 70 n. Chr.) bekannt geworden, die für unsere Fragestellung insofern besonders interessant sind, weil in ihnen über die damaligen germanischen Stämme wichtige Informationen enthalten sind.

Durch den Umfang und die Thematik seines überlieferten Werkes gilt Tacitus als einer der großen römischen Geschichtsschreiber, wobei er die Herrschaft des Kaisers Tiberius äußerst kritisch darstellt.

So hat er in den ersten beiden Büchern seiner „Annalen“ (über die Jahre 15 u. 16 n. Chr.) nach dem Althistoriker G. A. Lehmann[8] den „scharfen Gegensatz zwischen der strahlenden Heldengestalt des jugendlichen Feldherrn und „Kronprinzen“ Germanicus und dem düsteren Tyrannenbild des Princeps Tiberius schlechthin zum kompositorisch zentralen Aspekt“ seiner Darstellung erhoben. Insofern ist es nahe liegend und geboten, die Glaubwürdigkeit von Tacitus als Historiker zu hinterfragen.

Bei der Abfassung der „Annalen“, wohl um 100 n. Chr., konnte Tacitus auf Grund seiner hohen staatlichen Stellung auf die „acta senatus“ als seine wichtigste Informationsquelle zurückgreifen, die zur Zeit des Tiberius besonders ergiebig waren.[9]

Aber bei seinen literarisch – historischen Berichten ist besonders zu beachten, dass Tacitus vor allem ein Schriftsteller ist, der als glänzender Stilist um den knappsten literarischen Ausdruck ringt. Seine Berichte sind und wollen anspruchsvolle Literatur und nicht reine reportageartige Kriegsberichterstattung sein. Man kann sie daher "nicht unbesehen als bloßen Steinbruch für Fakten benutzen oder die Art der Darstellung bzw. das Vorhandensein oder Fehlen wünschenswerter Informationen vorschnell zum Maßstab für Qualität nach heutigen Kriterien [zu] nehmen“.[10] Schon vor knapp 100 Jahren setzte sich der Historiker H. Delbrück mit den Schriften des Tacitus als historischer Quelle kritisch auseinander.[11]

Unter Berücksichtigung dieser Aspekte im Geschichtswerk von Tacitus müssen seine Darstellungen vor allem auch über die Germanicus–Feldzüge, insbesondere über den im Jahre 16 n. Chr., gewichtet und beurteilt werden. Doch bei aller Verzeichnung im Einzelnen wird Tacitus zugestanden, den von ihm behandelten Zeitraum im Allgemeinen zuverlässig geschildert zu haben.[12] Seine Berichte sind daher als wertvolle historische Quelle zu würdigen.

Schließlich verfügte Tacitus bei der Abfassung seiner „Annalen“ über fundierte Primärquellen, und er war als ehemaliger ranghoher Offizier in militärischen Fragen äußerst bewandert und konnte ausgezeichnet strategisch in militärischen Konstellationen denken. Dies vorausgesetzt, soll nun im Folgenden der Versuch gemacht werden, die entsprechenden Textstellen aus seinen „Annalen“ über den Germanicus–Feldzug im Jahre 16 n. Chr. daraufhin zu untersuchen und zu hinterfragen, ob wichtige von Tacitus genannte Fakten dieses Feldzuges neu und anders zu bewerten sind, als es bislang geschehen ist.

Da die militärische operative Planung für den Feldzug 16 n. Chr. ganz von den Erfahrungen und Ergebnissen des gerade beendeten Feldzuges im Jahre 15 n. Chr. geprägt war, ist es geboten, kurz die Ergebnisse dieses Feldzuges aus römischer Sicht zu skizzieren.

Feldzüge des Germanicus 15 n. Chr.

Bereits im Frühjahr des Jahres 15 n. Chr. begann Germanicus (Tacitus, Ann. I, 55 f.) mit den Legionen der Oberrheinarmee eine große Militäroperation gegen die Chatten.

Zeitgleich führte sein Feldherr Caecina die Niederrheinarmee gegen die Marser und Cherusker, um diese davon abzuhalten, den Chatten zu Hilfe zu kommen.

Es ist aus militärischer Sicht zumindest überraschend und ungewohnt, dass Germanicus während der laufenden Vorbereitungen für die große geplante Sommeroffensive gegen die mit Arminius verbündeten germanischen Stämme eine Frühjahrsoffensive begann.

Germanicus wollte wohl damit diese Bundesgenossen des Arminius einschüchtern und daran hindern, während der Sommeroffensive den bedrohten Cheruskern militärisch beizustehen. Doch Tacitus nennt für diese Frühjahrsoffensive noch einen weiteren, gewichtigen Grund (Ann. I, 55,1), nämlich den, dass Germanicus und sein Generalstab die Hoffnung hatten, dass sich die Cherusker als Hauptgegner der Römer in zwei feindliche Lager um Arminius bzw. Segestes spalten würden.

Der alte Gegensatz bei den Cheruskern zwischen sog. „Traditionalisten“ und „Neuerern“,[13] der wohl nur durch den letztlich religiös motivierten Kampf gegen Varus überdeckt wurde, schien wieder aufzubrechen, wovon die Römer natürlich erfahren haben dürften. Doch bei den diesbezüglichen Hauptkontrahenten, Arminius und Segestes, dürften diesmal nach Tacitus (Ann. I, 55,3) vorrangig private Konflikte im Vordergrund gestanden haben: „Der Hass vermehrte sich (noch) im privaten Bereich, weil Arminius dessen Tochter, die einem anderen versprochen war, geraubt hatte... Der Schwiegersohn war verhasst, die Schwiegereltern verfeindet, und was bei den Einträchtigen die Bande der Liebe sind, waren bei den sich feindlich Gesinnten Triebkräfte des Zorns.“

Die Hoffnung der römischen Führung, durch Unterstützung der „Neuerer–Fraktion“ um Segestes den verlorenen römischen Einfluss bei den Cheruskern zurückzugewinnen und dadurch die römerfeindliche „Traditionalisten–Fraktion“ um Arminius nachhaltig machtpolitisch zu schwächen, sollte jedoch nicht aufgehen. Germanicus musste vielmehr in einer Rettungsaktion den von Arminius belagerten Segestes zusammen mit einer großen Zahl von dessen Verwandten und Anhängern (Ann. I, 57, 3) befreien und nach Gallien evakuieren.

Doch indem den Führern der „Anti–Arminius–Fraktion“ von den Römern in Gallien Asyl gewährt wurde, schwächte dies gleichzeitig und nachhaltig den stammesinternen Widerstand gegen Arminius, dessen Position bei den Cheruskern nur noch mächtiger wurde.

Geradezu psychologisch verheerend für die Römer gegenüber den germanischen Stämmen war jedoch die kurzsichtige und strategisch falsche Maßnahme des Germanicus, auch Thusnelda, die schwangere Frau des Arminius, gegen ihren Willen in römische Gefangenschaft zu führen. Dadurch lieferte Germanicus dem Arminius gegenüber den Cheruskern und deren Bundesgenossen emotional aufputschende Gründe für den Kampf gegen die „feigen“ Römer und die „treulosen“ Segestes–Anhänger.

Tacitus (Ann. I, 59,1) beschreibt dies u.a. wie folgt: „Arminius machte der Raub seiner Frau und (der Gedanke) daran, dass der Mutterleib der Gattin der Knechtschaft ausgesetzt war, über seine angeborene Gewalttätigkeit hinaus rasend, und er eilte durch (das Gebiet der) Cherusker und forderte Krieg gegen Segestes und Krieg gegen Caesar“ (Germanicus).

Dieser Kampfaufruf war nicht nur bei den empörten Cheruskern erfolgreich, denn seine Anklagen und Reden „verleiteten nicht nur die Cherusker, sondern auch die benachbarten Stämme zum Aufstand und sie zogen Inguiomerus, den

Oheim des Arminius, der bei den Römern ein althergebrachtes Ansehen genoß, auf dessen Seite.... Dadurch vergrößerte sich die Besorgnis Caesars“ (Tacitus: Ann. I, 60,1). Hatte Germanicus mit der für die feindlichen Germanen unerwarteten römischen Frühjahrsoffensive noch das Heft des Handelns in die Hand genommen, so musste er nunmehr konsequenterweise auf die baldige kriegerische Reaktion des Arminius sehr zügig militärisch reagieren. Er begann daher umgehend mit der großen Sommeroffensive gegen die Arminius–Koalition, „damit der Krieg nicht mit seiner ganzen Gewalt hereinbreche“ (Tacitus, Ann. I, 60,2).

Um nach Tacitus (Ann. I, 60, 2,3) die feindlichen germanischen Kräfte auseinanderzureißen, marschierte der Heerführer Caecina mit den vier Legionen der Niederrheinarmee durch das Land der Brukterer an die Ems. Dorthin gelangte auch Germanicus per Schiff mit angeblich vier Legionen. Ebenfalls traf dort der Praefekt Pedo mit der Reiterei ein, die er durch das Gebiet der Friesen herangeführt hatte.

Von dort aus marschierte nun das römische Heer ins Gebiet zwischen Ems und Lippe, nicht weit vom „saltus teutoburgiensis“, wo die Überreste des Varus und seiner Legionen noch unbestattet lagen.

Wertvolle Zeit für den zügigen Vormarsch der römischen Truppen ins Kernland der Cherusker an der Weser ging für Germanicus und seinen Generalstab bekanntlich dadurch verloren, indem sie zeitaufwändig erst die weit verstreuten menschlichen Überreste der Varus–Legionen zusammentragen ließen, um sie dann ehrenvoll in einem großen Grabhügel zu bestatten. Dies war nicht nur emotional geboten, sondern es war auch für die Soldaten eine heilige Pflicht, durch die Bestattung ihrer ehemaligen Kameraden deren Totengeister, die Manen, zu besänftigen.[14]

Kaum war diese heilige und traurige Pflicht von dem römischen Heer erfüllt worden, als Arminius das weitere militärische Geschehen bestimmen sollte. Er lenkte nämlich Germanicus mit seinen Truppen in ein solches Gelände, wo die Germanen mit ihrer Ortskenntnis und ihrer Kampfesweise den Römern gegenüber eindeutig im Vorteil waren. In der dort stattfindenden Schlacht entgingen die Römer wohl nur knapp einer Niederlage, wie es sich aus der hier ungewohnt einsilbigen Feststellung des Tacitus (Ann. I, 63,2) ableiten lässt: „man trennte sich ohne Entscheidung".

Unmittelbar nach dieser Schlacht führte Germanicus nämlich sein Heer wieder zur Ems zurück und ließ die Legionen, wie sie auch gekommen waren, mit der Flotte emsabwärts fahren, um anstrengende, nicht risikolose Märsche durch die dortigen Moorgebiete zu vermeiden.

Caecina aber, der die Legionen seiner Niederrheinarmee wieder auf dem Landweg in die Winterlager am Rhein zurückführen sollte, geriet beim Marsch über die langen Bohlenbrücken (pontes longi) in einem großen Moorgebiet in einen Hinterhalt des Arminius.

Nur unter großen Verlusten an Soldaten, Pferden und Material gelang es Caecina, seine Truppen in die Winterlager zu bringen (Tacitus, Ann. I, 63-69).

Germanicus hatte unterdessen an der Emsmündung die 2. u. 14. Legion der Oberrheinarmee von Bord gehen lassen. Der Legat P. Vitellius sollte sie auf dem Landweg in Küstennähe weiterführen, „damit die Flotte leichter auf dem flachen Meer führe" und bei Ebbe nicht auf Grund ginge (Tacitus: Ann. I, 70,1). Dies dürfte dafür sprechen, dass nur die zweite und vierzehnte Legion den Germanicus begleitet haben, und nicht vier Legionen, wie es Tacitus (Ann. I, 60,2) oben berichtete.

Um „die Flotte leichter auf dem flachen Meer führen zu können", wäre es wohl kaum ausreichend gewesen, nur die Hälfte der Legionen von Bord gehen zu lassen. Es ist auch zu vermuten, dass die „classis Germanica", die Rheinflotte, nicht über genügend Truppentransporter verfügte, um vier komplette Legionen zu transportieren. Das Auslanden der Legionen ersparte es darüber hinaus auch der Militärführung vor der Weiterfahrt durch die Salzwasser der Nordsee für diese einen zusätzlich großen Trinkwasservorrat mitzuführen. Außerdem konnten sich die Legionäre nach der großen Enge auf den Schiffen wieder richtig bewegen.

Bereits kurz nachdem die beiden Legionen von Bord gegangen waren, brach ein heftiger Nordwind (zur Zeit der Tag– und Nachtgleiche: Herbstanfang am 23. Sept.) herein und verursachte eine Sturmflut, von der die völlig überraschten Legionen überflutet wurden.

„Vieh, Gepäck und Leichen schwammen durcheinander und trieben ihnen entgegen", so schildert es Tacitus (Ann. I, 70,2). Nur mit letzter Kraft gelang es den Legionen sich auf höher gelegenes Land zu retten. Am nächsten Morgen nach Ablaufen der Fluten konnten sie dezimiert und geschwächt an einer Flussmündung wieder von der Flotte des Germanicus an Bord genommen werden.

Möglicherweise handelt es sich dabei um den Hafen Maramanis, der nach Ptolemaios (Geographia 2,11) zwischen den Flussmündungen von Vidros (wohl die Vecht) und Ems gelegen haben soll.[15] Nachdem Germanicus mit seiner Flotte und den an Bord genommenen Legionen wieder zum Rhein zurückgekehrt war, musste er dort von dem ebenfalls verlustreichen Rückmarsch des Caecina erfahren.

Das Ergebnis der römischen Sommeroffensive 15 n. Chr.

Das Ergebnis der unter Zeitdruck durchgeführten Sommeroffensive gegen Arminius war bei nüchterner militärischer Analyse für Germanicus und seinen Generalstab schlichtweg verheerend. Das römische Kriegsziel, die Cherusker unter Arminius in ihrem eigenen Kerngebiet an der Weser zu stellen und sie dort endgültig militärisch zu besiegen und dauerhaft zu unterwerfen, wurde noch nicht einmal annähernd erreicht.

Der einzige Lichtblick, der aber für das Heer und die öffentliche Meinung in Rom psychologisch äußerst wichtig war, bestand darin, dass L. Stertinius, ein ranghoher Offizier der Niederrheinarmee beim Abmarsch von der Ems im Gebiet der Brukterer den mit Varus verlorengegangenen Adler der 19. Legion zurückgewinnen konnte (Tacitus, Ann. I, 60,3).

Strategisch war es für Germanicus verhängnisvoll, dass durch die notwendige Evakuierung von Segestes, dem Anführer der römerfreundlichen „Neuerer Fraktion" der Cherusker, die römische Hoffnung begraben werden musste, die Gentilgesellschaft der Cherusker ideologisch zu spalten und somit militärisch zu destabilisieren.

Das zeigte sich erneut, als noch im Herbst desselben Jahres (15 n. Chr.) Segimer, der Bruder des Segestes, ebenfalls unter militärischem Schutz der Römer ins sichere römische Asyl gebracht werden musste, da er sicherlich nach dem erfolglosen Sommerfeldzug der Römer dem wachsenden feindlichen Druck der „Kriegspartei" des Arminius stammesintern nicht mehr gewachsen war. Andererseits war durch die militärisch missglückte römische Offensive der Nimbus des siegreichen Römerbezwingers Arminius bei vielen Germanen, nicht nur bei den Cheruskern, noch zusätzlich gewachsen. Jetzt konnte Arminius zu Recht darauf hinweisen, dass er es auch erfolgreich mit römischen Kampfverbänden aufnehmen konnte, die mehr als doppelt so stark waren wie die Legionen des besiegten Varus.

Besonders dramatisch für Germanicus und seinen Generalstab war der hohe Verlust an Soldaten, Pferden, Waffen und sonstigem Kriegsmaterial, den das römische Heer hatte hinnehmen müssen. Dass dies wohl nicht nur im Hauptquartier des Germanicus am Rhein, sondern auch bei Tiberius, dem Senat und der interessierten Öffentlichkeit in Rom für Bestürzung gesorgt haben dürfte, kann man mittelbar der knappen Situationsbeschreibung bei Tacitus (Ann. I, 71,2) entnehmen: „Im Übrigen wetteiferten Gallien, Spanien und Italien darum, Waffen, Pferde und Gold, was ihnen jeweils zur Verfügung stand, anzubieten, um die Verluste des Heeres zu ergänzen. Germanicus lobte ihren Eifer, nahm aber nur Waffen und Pferde für den Krieg und unterstützte die Soldaten mit eigenem Geld."

Die Stimmung und das Selbstbewusstsein der römischen Truppen mussten im Verhältnis zu den vorherigen Jahren tief gesunken sein. Um sie wieder für den geplanten nächsten Waffengang im Jahr 16 n. Chr. gegen Arminius moralisch aufzurichten, stellte sich Germanicus persönlich für die dazu erforderliche „Truppenbetreuung" zur Verfügung, wie es Tacitus (Ann. I, 71,3) im Folgenden schildert:

„Er suchte die Verwundeten auf und rühmte die Taten eines jeden Einzelnen; er sah sich die Wunden an und durch seine Sorge und seine Worte der Hoffnung bei dem einen, des Ruhms bei dem anderen, machte er alle für sich und die Schlacht stark."

Aus formeller öffentlicher römischer Sicht dagegen konnte die erlittene Schmach der Varusniederlage nach dem Feldzug des Jahres 15 n. Chr. als getilgt angesehen werden:

Die unbestatteten Gebeine der in der Varusschlacht umgekommenen Römer waren dem religiösen Kult entsprechend würdevoll bestattet und somit die Manen der Toten besänftigt worden.

Zudem hatten wichtige Sippenführer der Cherusker um Aufnahme ins römische Reich gebeten, und darüber hinaus konnte die schwangere Frau des verräterischen Aufrührers Arminius in römische Geiselhaft genommen werden. Besonders wichtig waren auch die erfolgreiche Zurückführung des Adlers der 19. Legion und die Tatsache, dass römische Heere unbesiegt durch feindliche Aufstandsgebiete marschieren konnten.

Daher konnte Germanicus 15 n. Chr. aus römischer Sicht ein Triumph zuerkannt werden, und auch seine Heerführer Caecina, Appronius und Silius erhielten die Triumphinsignien. Der römischen Öffentlichkeit wurde somit Germanicus Julius Tiberii filius Augusti nepos divi pronepos Caesar, so sein vollständiger Name, der seinen Beinamen „Germanicus“ von seinem im Jahre 9 v. Chr. in Germanien während eines Feldzuges verstorbenen Vater Drusus geerbt hatte, als siegreicher Feldherr präsentiert, der die Schmach der Varusniederlage getilgt hatte und dem die Opfer und Verluste durch die Sturmflut nicht anzurechnen seien.

Das Interesse Roms an einer Fortsetzung des Krieges 16 n. Chr.

Aber der römischen Führung unter Tiberius erschien es aus militärstrategischen und psychologischen Gründen gegenüber den kriegführenden Germanen unmöglich zu sein, nach diesem verlustreichen Sommerfeldzug sich gleichsam kleinlaut hinter die Rheinlinie zurückzuziehen. Der Prestigegewinn des Arminius auch bei den nicht mit Rom verfeindeten germanischen Stämmen wäre immens gewesen, und somit künftige germanische Übergriffe über den Rhein hinweg nicht auszuschließen. Möglicherweise wird es für Tiberius auch wirtschaftliche Gründe gegeben haben, sich nicht vorschnell aus den rechtsrheinischen Gebieten zurückzuziehen. Neue wissenschaftliche Erkenntnisse lassen nämlich durchaus den Schluss zu, dass im Sauerland während der augusteischen Okkupationsphase römischer Bergbau betrieben wurde, wobei Blei gefördert wurde.[16]

Bedeutsame jüngere Funde antiker Schiffsladungen voller Bleibarren, belegen durch Gussinschriften und Stempelmarken, dass Augustus in Germanien Blei gewinnen ließ.[17]

Damit könnte auch das strategisch günstig auf einem Bergrücken zwischen Alme und Möhne gelegene römische Militärlager Kneblinghausen bei Rüthen den Zugang zur Briloner Hochfläche zu den dortigen Bergwerken militärisch gesichert und kontrolliert haben.

Die Errichtung dieses Lagers dürfte dann bereits während der augusteischen Zeit erfolgt sein.[18]

Da u. a. die Bergwerke als Teil des Patrimonialbesitzes, also als Teil des Privatvermögens der römischen Kaiser galten, und diese daher von deren Erträgen profitierten,[19] wird Tiberius durchaus ein Eigeninteresse daran gehabt haben, dass diese Bergwerke auch künftig im römischen Herrschaftsbereich verbleiben. Verwaltet wurden sie in der Regel als kaiserliche Domänen.[20]

Die Kaiser scheinen nämlich keine regelmäßigen Zuwendungen aus Staatsgeldern erhalten zu haben, so dass sich ihr eigenes Einkommen aus Besitzungen wie Bergwerke und Steinbrüche, aus Legaten und Erbschaften, der Kriegsbeute („manubiae") und dem von Städten und Provinzen gegebenen sog. „Krongeld" („aurum coronarium") zusammensetzte.[21]

Es stand demnach für Germanicus und seinen Generalstab fest, im kommenden Jahr 16 n. Chr. militärisch endlich das zu erreichen, was ihnen im Jahr 15 n. Chr. leider verwehrt blieb, nämlich die endgültige Ausschaltung der germanischen Kriegskoalition unter Führung des Arminius und die dauerhafte Unterwerfung der betroffenen Stämme.

Der nächste bevorstehende römische Feldzug musste daher unter Bündelung aller Kräfte schnell ins Kerngebiet der Cherusker an der Weser führen, um dort neben ihrer militärischen Unterwerfung auch ihre Lebensgrundlagen wie Siedlungen und Viehhaltung zu zerstören.

Da bekanntlich die römischen Rheinarmeen sehr hohe Verluste an Waffen, sonstigem Kriegsmaterial und an Transportmitteln wie Reit–, Zug– und Tragtieren erlitten hatten, mussten zuerst diese Verluste kurzfristig ersetzt werden.

Daneben gab es auch sicherlich nicht geringe Ausfälle von ausgebildeten Soldaten, sei es durch Tod, Invalidität oder Verwundung.

Obwohl Tacitus (Ann. II, 5,1) den Eindruck erweckt, als ob dieser künftige Feldzug nicht im Sinne des Tiberius gewesen sei und ihn Germanicus auch ohne dessen Genehmigung aus eigener Machtbefugnis heraus führen wollte, dürfte dies nicht der bewährten politischen Machtstruktur im Principat des Augustus und seines Nachfolgers Tiberius entsprochen haben.

Für die Provinzen des Imperiums, die nicht als Provinzen des römischen Volkes galten – also vor allem die gefährdeten Grenzgebiete des Reiches – war Augustus bereits seit 23 v. Chr. aufgrund seines „prokonsularen Imperiums" Statthalter mit umfassender administrativer und militärischer Amtsgewalt. Er ließ diese auch Kaiserprovinzen genannten Provinzen durch von ihm persönlich ernannte Stellvertreter leiten. Diese Stellvertreter im Rang eines Praetors übten diese Funktion als „legati Augusti pro praetore" lediglich in untergeordneter Funktion für den Princeps aus. Es war damit eindeutig festgelegt, dass beim Princeps die eigentliche auch ausgeübte Macht lag. Da die römischen Legionen fast ausnahmslos in den Kaiserprovinzen stationiert waren, erhöhte dies zusätzlich in erheblichem Maße die Machtstellung des Kaisers, von der er auch selbstverständlich Gebrauch machte.[22]

Besonders in einem unsicheren gefährdeten Grenzgebiet, das durch die benachbarten feindlichen germanischen Stämme stets bedroht war, ist es ausgeschlossen, dass Tiberius gerade dort auf die Steuerung und Planung der erforderlichen Grenzpolitik zugunsten seines dortigen Statthalters verzichtet haben sollte. Daran dürfte sich auch nichts geändert haben, als sein Adoptivsohn Germanicus Statthalter einer Kaiserprovinz, der „Tres Gallia" , und Oberbefehlshaber der beiden römischen Rheinarmeen wurde.

Als engstes Mitglied des Kaiserhauses erhielt Germanicus nach dem Tode Augustus auf Vorschlag des Tiberius vom Senat das „imperium proconsulare“ über Gallien. Das gab ihm zwar mehr Machtfülle, vor allem im militärischen Bereich, als ein „legatus Tiberii pro praetore“, doch dürfte es bei aller Vorsicht und Skepsis des Tiberius gegenüber dem oft draufgängerischen Germanicus auszuschließen sein, dass er damit in diesem Krisengebiet auf wichtige Herrschaftsrechte eines Princeps verzichten würde. Ansonsten hätte Tiberius auch nicht die Befugnis gehabt, gegen den wiederholt zum Ausdruck gebrachten Widerstand des Germanicus ihm die von diesem für das Jahr 17 n. Chr. geplante erneute Offensive gegen Arminius zu untersagen. Hinzu kommt noch, dass Tiberius aus eigener langjähriger Erfahrung mit der Brisanz der „Germanienpolitik“ aufs Beste vertraut war und dort sein politisches, diplomatisches und militärisches Können äußerst erfolgreich eingesetzt hatte.

Es dürfte daher selbstverständlich sein, dass die für das Jahr 16 n. Chr. geplante Großoffensive des Germanicus gegen die Arminius–Koalition eng mit Tiberius abgestimmt war, einschließlich der Notwendigkeit, die dafür immensen zusätzlichen Finanzmittel zu beschaffen. Für diese enge Absprache zwischen Tiberius und Germanicus scheint auch die Tatsache zu sprechen, dass Tiberius dem Germanicus zudem zwei seiner Praetorianer–Kohorten gleichsam als Leibstandarte überließ.

Die römische Führung ging davon aus, für einen erfolgversprechenden siegreichen Kriegszug tief ins feindliche Germanien die römische Militärstrategie auf die besonderen logistischen Anforderungen einzustellen. Diese waren durch die Weite und Beschaffenheit des Raumes, durch die unkonventionelle Kampfweise des Gegners, durch die witterungsbedingten Belastungen und vor allem durch die überlange Nachschublinie für die Proviantversorgung der römischen Kampfverbände vorgegeben.

Besonders mit Blick auf die bisher erlittenen römischen Verluste wird vor allem Tiberius als ehemaliger herausragender Feldherr größten Wert darauf gelegt haben, solch extrem kostspieligen und aufwändigen Feldzüge „generalstabmäßig" zu planen und dann auch konsequent durchzuführen. Er selbst hatte ja wiederholt gerade in Germanien unter Beweis gestellt, wie bei sorgfältiger, systematischer Planung unter geringen Verlusten an Mensch, Tier und Material erfolgreiche Feldzüge gegen die Germanen geführt werden konnten. Eine entsprechende militärlogistische Meisterleistung war sein örtlich und zeitnah exakt geplantes Zusammentreffen von Landheer und Flotte an der Elbe im Jahre 5 n. Chr. (Velleius Paterculus, 2, 106,3).

Es dürfte daher dem systematischen strategischen Denken des Tiberius entsprochen haben, vor einer der aufwändigsten römischen Großoffensiven gegen Arminius konsequent schonungslos und vorurteilsfrei den bisherigen mehrjährigen Kriegsverlauf in Germanien analysieren zu lassen, um bisherige Schwachstellen bei der römischen Kriegsführung künftig zu vermeiden.

Das Ergebnis dieser Analyse sah für Germanicus und seinen Generalstab nach Tacitus (Ann. II, 5.3) wie folgt aus:

In offener Schlacht und auf richtigem Gelände würden die Germanen geschlagen; durch Wälder und Sümpfe, den kurzen Sommer und den vorzeitigen Winter aber würden die Feinde unterstützt. Dem römischen Heer würden nicht so sehr die Verwundungen als vielmehr die weiträumigen Märsche und der Verlust der Waffen zusetzen; Gallien sei durch die Beschaffung von Pferden erschöpft, ein langer Tross wäre Anschlägen ausgesetzt und nur schlecht zu verteidigen.

Tacitus hat somit in prägnanter Kürze das bisherige Dilemma der römischen Kriegsführung zusammengefasst, wobei ihm als ehemaligem ranghohen Offizier taktisches und strategisches Denken geläufig war.

Wie bei allen großen Feldzügen in der Militärgeschichte, bei denen man sich nicht aus dem feindlichen Gebiet ernähren konnte, bestand eines der Hauptprobleme darin, den notwendigen Proviant und das erforderliche Kriegsmaterial zügig zu den kämpfenden Einheiten zu bringen.

Je entfernter die Truppen von den Basisstützpunkten aus auf feindlichem Gebiet operieren mussten, umso länger und zeitaufwändiger wurde der Nachschubweg für die Proviantkolonnen.

Das hatte zur Folge, dass mehr Begleitpersonal, Last– und Zugtiere sowie Transportfahrzeuge unterwegs sein mussten, um die notwendige kontinuierliche Versorgung der Truppen zu gewährleisten, wobei ein Teil des Proviants für den Eigenbedarf der Transportkolonnen schon auf dem Hin– und Rückweg verzehrt wurde. Außerdem, und das war das Hauptproblem, wuchs mit der Transportstrecke auch die Gefahr unvorhergesehener feindlicher Überfälle, die die notwendige Versorgung der kämpfenden Einheiten massiv beeinträchtigen konnten. Germanicus und sein Generalstab sahen als Lösung für dieses Problem, für den kommenden Feldzug den Seeweg zu nutzen. Tacitus (Ann. II, 5,4) begründet dies wie folgt: „Gleichzeitig könnte er den Krieg früher beginnen und die Legionen zusammen mit dem Proviant befördern, Reiterei und Pferde würden unversehrt über die Flussmündungen und Flussläufe mitten in Germanien sein.“

Vorbereitung für die Großoffensive 16 n. Chr.

Das Ergebnis der Analyse, den Proviant– und Truppentransport per Schiff durchzuführen, stellte Germanicus jedoch vor große Probleme. Es musste dafür die notwendige Transportkapazität an Schiffen bereitstehen, hinzu kam, dass der Zeitrahmen für die Organisation einer solchen enormen Schiffspassage sehr eng und die Finanzierung ungelöst waren.

Tacitus (Ann. II, 6,1 - 3) war sich dessen bewusst als er schreibt: „Also handelte (Germanicus) danach und schickte P. Vitellius und C. Antius nach Gallien um Steuern einzutreiben.

Silius, Anteius und Caecina wurden mit dem Bau einer Flotte betraut. Tausend Schiffe schienen zu genügen und wurden eilig gebaut.... Die Insel der Bataver, bei der die Genannten sich sammeln sollten, war wegen der bequemen Landemöglichkeiten geeignet, Truppen an Bord zu nehmen und zum Kriegsschauplatz zu befördern.“

So konsequent und militärisch folgerichtig sich dies auch anhören mag, so gibt es doch berechtigte Fragen bezüglich der Ausführbarkeit dieser Befehle.

Es ist daher zu untersuchen und zu hinterfragen, ob überhaupt innerhalb kürzester Zeit tausend Schiffe gebaut werden konnten und ob tatsächlich die gesamte gewaltige römische Streitmacht per Schiff mit allen Legionen, Hilfstruppen und Reitereinheiten, dem gesamten Kriegsgerät und Ersatzmaterial, vor allem aber mit dem enormen Proviant zu den Kriegsschauplätzen tief ins Innere Germaniens zu transportieren war.

Steuereintreibung in Gallien zur Finanzierung des Feldzuges 16 n. Chr.

Es fällt auf, dass Germanicus gemäß Tacitus vor dem Auftrag, die für die Offensive benötigten Schiffe zu bauen, zuvor den Legionslegaten Vitellius und den Census–Beauftragten Antius nach Gallien schickte, um die Steuern zur Finanzierung des geplanten Feldzuges einzutreiben. Dies könnte dafür sprechen, dass er dies aus eigener ihm verliehener Machtbefugnis veranlassen konnte.

Doch im Gegensatz zu den Proconsuln, den Statthaltern in den sog. senatorischen Provinzen des römischen Volkes, besaßen die Statthalter in den Kaiserprovinzen hinsichtlich der

Steuererhebung keinerlei eigene Amtsgewalt. Da die römischen Bürger in Rom und Italien im Gegensatz zu den Untertanen in den Kaiserprovinzen keine regelmäßigen Steuern zahlten,[23] war die entsprechende Verantwortung der dortigen Proconsuln, Steuern zu erheben, nicht mit einem besonderen Zuwachs an Machtfülle verbunden.

Die Kontrolle über die Steuererhebung in seinen Kaiserprovinzen fand durch die von Tiberius ernannten und ihm allein verantwortlichen Prokuratoren statt. Das eigentliche aufwändige Einziehen der Steuern selbst wurde zumeist von den provinzialen Selbstverwaltungseinheiten, wie den Munizipalmagistraten, durchgeführt.

Dieses von Augustus geschaffene Steuereinzugssystem sollte die Ausbeutung in seinen Untertanengebieten zumindest in Grenzen halten, um unnötige politische Unruhen zu vermeiden.

Von diesem machtpolitisch geschickt austarierten System der Steuererhebung dürfte Tiberius auch gegenüber Germanicus trotz dessen besonderen Mandates nicht abgewichen sein, war doch die Kontrolle über die Steuererhebung ein weiteres sehr bedeutsames Steuerungs– und Machtinstrument zur Sicherung der kaiserlichen Machtfülle.

Die Finanzierung der Landesverteidigung verschlang nämlich jährlich den weitaus größten Teil der öffentlichen Ausgaben, also für die Armee, die Flotte, die Veteranenversorgung, die militärischen Bauten und die Militärstraßen. Dies setzte somit großen militärischen Vorhaben hinsichtlich ihrer Finanzierbarkeit ökonomische Grenzen.[24]

Besonders ins Gewicht fielen dabei allein die Summen, die unabdingbar für die Soldzahlungen des gesamten Militärs aufzubringen waren. Ebenfalls musste die Versorgung der Truppen mit Getreide und Öl, Kleidung und Ausrüstung sichergestellt werden. Ein einfacher Legionär erhielt z. B. jährlich 900 Sesterzen (225 Denare) und ein Legionscenturio mehr als ein Vierzehnfaches davon als Sold. Für ein As, ein Viertel einer Sesterze, konnte man sich damals ein Brot oder einen Becher Wein kaufen.[25]

Da die Untertanen der Kaiserprovinzen die gesamten Kosten für das stehende römische Heer zahlen mussten, hatte besonders Gallien, wo sehr viel Militär stationiert war, bereits erhebliche Steuerlasten zu tragen. Zudem hatte es auch für die Bereitstellung von Reit–, Zug– und Lasttieren für das Militär aufzukommen.

Dies war dem Tiberius natürlich bei der Frage, in Gallien eine zusätzliche „Kriegssteuer" zu erheben, alles bewusst. Deshalb dürfte er äußerst sorgsam abgewogen haben, eine solche Steuer in Gallien zur Finanzierung der Großoffensive erheben zu lassen. Die Entscheidung wird er auch nicht vorschnell getroffen haben, da Vitellius und Antius erst Anfang des Jahres 16 n. Chr. zur Steuererhebung nach Gallien geschickt wurden, worauf später noch im Zusammenhang mit dem Beginn des Flottenbauprogramms näher hinzuweisen ist.

Bevor Tiberius eine solch finanziell einschneidende, höchst unpopuläre Maßnahme zu Lasten Galliens traf, dürfte er erst von Germanicus und seinem Generalstab eine genau nachvollziehbare Aufstellung für den benötigten zusätzlichen Finanzbedarf sowohl zum Ersatz der bislang erlittenen Verluste des Heeres als auch zum Bau bzw. Umbau zusätzlicher Schiffe der „Classis Germanica" angefordert haben.

Erst aufgrund dieser ihm vorgelegten schonungslosen, erschreckenden Schadensbilanz über das wahre Ausmaß der bisherigen römischen Kriegsverluste dürfte dem Tiberius nichts anderes übrig geblieben sein, als sich schweren Herzens für diese zusätzliche Kriegssteuer auszusprechen.

Als langjähriger herausragender militärischer Oberbefehlshaber wusste er sehr genau, dass nur mit voll ausgerüsteten, gut versorgten und einsatzfähigen Truppen der Krieg gegen die militärisch unberechenbare Arminius–Koalition erfolgreich geführt werden könne.

Auftrag zum Bau bzw. Umbau der Flotte

Erst nach dieser Entscheidung des Tiberius, in Gallien eine zusätzliche „Kriegssteuer" zu erheben, konnte Germanicus nach Tacitus (Ann. II, 6,1,2) den Silius, Anteius und Caecina mit dem kostspieligen Bau von tausend Schiffen beauftragen.

Da Silius und Caecina die Oberrhein– bzw. Niederrheinarmee befehligten, dürfte es sich bei Anteius wohl um den Admiral der römischen Rheinflotte, der „Classis Germanica" mit dem Hauptstützpunkt in Köln–Alteburg handeln, der als Flottenhauptquartier nach jüngsten Ausgrabungen in spätaugusteisch–frühtiberischer Zeit gegründet sein soll.[26]

Wäre Anteius kein ebenfalls hochrangiger Offizier gewesen, hätte ihn der standesbewusste Tacitus wohl kaum gleichrangig mit den beiden Heerführern genannt. Als Admiral der Rheinflotte im Rang eines Praefekten unterstand auch er unmittelbar dem Germanicus, der als Statthalter der „tres Gallia" zugleich Oberbefehlshaber des „exercitus Germanicus", der beiden Rheinarmeen war.[27]

Es war auch fachlich notwendig, den Flottenadmiral gleichrangig neben den beiden Heerführern mit dem Flottenbauprogramm zu beauftragen; denn gerade beim Bau bzw. Umbau der Flotte hatten die nautischen Vorgaben der Admiralität unter Berücksichtigung der schiffsbautechnischen Möglichkeiten Vorrang vor den logistischen Forderungen der Landstreitkräfte an die „Classis Germanica".

Als Ergebnis der Kooperation dieser verschiedenen Waffengattungen berichtet Tacitus (Ann. II, 6,1) knapp und bündig, dass eilig *tausend* Schiffe gebaut wurden. Das dürfte jedoch fraglich sein und bedarf daher einer genauen Überprüfung, ob dies in der noch verfügbaren Zeit zu leisten und ob es überhaupt in der genannten Größenordnung erforderlich war. Dies hängt u. a. auch davon ab, welchen Umfang die bestehende Flotte hatte und in welchem Zustand sie sich befand.

Die römische Rheinflotte, die „Classis Germanica“

Über die Struktur, den Umfang und die Stärke der augusteischen Rheinflotte gibt es so gut wie keine überprüfbaren Quellen. Sie soll gegen 12 v. Chr. von Drusus, dem Bruder des Tiberius und Vater des Germanicus aufgestellt worden sein[28], der mit ihr in diesem Jahr als erster römischer Feldherr die Nordsee befuhr. Vorher hatte er zur besseren Schiffspassage den sog. „Drusus–Kanal“ bauen lassen, um schneller vom Rhein zur Nordsee fahren zu können (Sueton, Claudius 1,2).

Dort ließ er an Ems[29], Elbe und Weser Militärstützpunkte errichten (Florus 2,30,26).

Aufgrund der schlechten antiken Quellenlage wird z. T. angenommen, dass es bis zur frühtiberischen Zeit am Niederrhein keine straff organisierte, ständig einsatzbereite Flotte gab. Dafür habe es je nach taktischer Lage und militärischer Notwendigkeit von Fall zu Fall flexibel zusammenzustellende einsetzbare Flotteneinheiten gegeben.

Erst mit dem Rhein als Grenze würden ständige Sicherungs– und Kontrollaufgaben am „nassen Limes“ eine stets einsatzbereite, eine „stehende“ Flotte erforderlich gemacht haben.[30]

Dem ist entgegenzuhalten, dass bereits vorher nicht nur der Rhein und seine schiffbaren Nebenflüsse, wie die Lippe, wichtige militärisch genutzte Schifffahrtswege waren, sondern auch die Wege zur Nordsee[31], wo es in den Flussmündungen wohl seit Drusus, also seit vielen Jahren, römische Flottenstützpunkte gab, die z. T. über hunderte von Kilometern vom Rhein entfernt lagen. Die regelmäßige Versorgung dieser Stützpunkte setzte eine ständig präsente einsatzfähige Flotte mit geschulten Mannschaften und genügend Kapazitäten zum Truppen– und Nachschubtransport voraus. Diese langen, sehr zeitaufwändigen Seefahrten zu den Stützpunkten stellten hohe Ansprüche an die Marineangehörigen, um den spezifischen Herausforderungen der amphibischen germanischen Nordseeküste mit ihren bei Ebbe gefährlichen Wattgebieten und eventuellen überraschenden Stürmen gewachsen zu sein.

Das Vorhalten dieser Flottenstützpunkte und Nachschubmagazine an der Nordseeküste hatte für die römische Militärführung stets eine entscheidende strategische Bedeutung.

Sie boten nämlich erst die Voraussetzungen, um das rechtsrheinische Gebiet von der Seeseite aus militärisch wirksam kontrollieren zu können und um als Ausgangspunkte für erforderliche Militäroperationen flussaufwärts ins Landesinnere zu dienen.

So weist der Althistoriker D. Timpe[32] in diesem Zusammenhang auf die fehlende Verkehrseinheit Germaniens hin, aufgrund der morphologischen Ungunst des Landes mit Wald– und Moorbarrieren sowie der tiefgreifenden unberechenbaren Küstenzone und der nach Norden hin orientierten Flusssysteme. Deshalb sei die Okkupation Germaniens ohne den ergänzenden Seeweg gar nicht denkbar.

Besonders an einer für die Römer ungewohnten gefährlichen Küste mit spezifischen Tideverhältnissen (Ebbe und Flut) und vorherrschenden west–östlich driftenden Sandwanderungen[33] war die römische Flotte dort zwingend auf natürliche Anlandungsmöglichkeiten angewiesen, wie sie nun mal Flussmündungen mit genügend Wassertiefen bilden. Außerdem gab es dort genügend Süßwasser und relativen

Schutz vor Stürmen. Da in Flusshäfen die Uferkais in der Regel nur aus Holzbalkenwerk eingefasst wurden, waren sie auch relativ schnell pioniertechnisch zu erstellen.[34]

Gleichzeitig diente die ständige römische Präsenz durch kleinere römische Einheiten in diesen Stützpunkten dazu, um u. a. die Bündnistreue der dortigen römerfreundlichen germanischen Stämme sicherzustellen.

Für die Emsmündung wurde bislang ein solcher Flottenstützpunkt mit Nachschublager auf dem linken westlichen Emsufer in Bentumersiel (Kreis Leer) in Erwägung gezogen. Doch die dort gemachten römischen Funde stammen nicht aus einem römischen Militärlager, sondern aus einer germanischen Siedlung, die wahrscheinlich durch die Kontakte der Bewohner zu einer gut erreichbaren römischen Militärbasis dorthin gelangten.[35]

Es spricht einiges dafür, dass diese Militärbasis der an der Emsmündung vermutete römische Flotten- und Militärstützpunkt gewesen ist. Möglicherweise handelt es sich dabei um den von Ptolemaios (geographia 2,12) genannten Ort Flevum, denn nach den korrigierten antiken Koordinaten dürfte dieser Ort gegenüber von Emden gelegen haben und zwar in Höhe der heute niederländischen Orte Appingedam und der Hafenstadt Delfzijl, wo sich vor der Entstehung des Dollart früher der alte Emslauf zum Mündungsschlauch weitete.[36]

Auch Tacitus (Ann. IV, 3) spricht von einem Kastell Flevum an der Meeresküste, in das sich 28 n. Chr. während des Friesenaufstandes der für die Verwaltung der Friesen eingesetzte Primipilar (der ranghöchste Centurio einer Legion) namens Olennius rettete.

Für die Wesermündung kommt als wahrscheinlicher Flottenstützpunkt mit großer Versorgungsbasis das heutige Bremerhaven in Betracht, wie später noch näher darzulegen ist.

Über den alltäglichen Flotteneinsatz der „Classis Germanica“ entlang der Nordseeküste ist wenig überliefert.

Das liegt überwiegend daran, das die antiken Schriftsteller nur dann von römischen Flotteneinsätzen in der Nordsee berichten, wenn sie aus römischer Sicht als besonders erwähnenswert oder bedeutsam galten. Das ständige Anfahren und Versorgen der jeweiligen Flottenstützpunkte an der Nordseeküste war als reine Routinearbeit der Rheinflotte für die antiken Autoren eine nicht berichtenswerte Selbstverständlichkeit.

Von einer besonders herausragenden Leistung der Flotte berichtet z. B. Velleius Paterculus (2,106,3), wonach auf Geheiß des damaligen Oberbefehlshabers Tiberius die Flotte im Jahre 5 n. Chr. „den Meerbusen umfahren hatte und von dem bis dahin völlig unbekannten Meer aus die Elbe hinaufgefahren war". Dieses besondere Bravourstück seiner Flotte hat selbst Augustus wohl so sehr beeindruckt, dass er sie in seiner „res gestae" (26,4) wie folgt erwähnt: „Meine Flotte segelte von der Rheinmündung gegen Sonnenaufgang über den Ozean bis zum Gebiet der Kimbern, wohin weder zu Lande noch zu Wasser je zuvor ein Römer gelangte."

Ein weiteres Mal berichtet Velleius Paterculus (2, 121,1) vom Einsatz der römischen Flotte in der Nordsee im Jahr 12 n. Chr., wonach Tiberius durch militärische Einsätze der Flotte und des Landheeres die Streitkräfte der Feinde eingeschüchtert habe.

Danach schildert erst wieder für das Jahr 15 n. Chr. Tacitus (Ann. I, 60,2; 70, 1 - 3) einen großen Einsatz der „Classis Germanica", als Germanicus die Flotte emsaufwärts fahren ließ.

Es wurde bereits darauf hingewiesen, dass solche Einsätze der Rheinflotte in der Nordsee ohne dortige ständige Flottenstützpunkte logistisch nicht möglich wären. Bei diesen Flotteneinsätzen handelt es sich auch hauptsächlich um notwendige Versorgungsfahrten für kämpfende oder an Stützpunkten stationierte römische Truppen. Da die germanischen Gegner der Arminius–Koalition über keine Flotte verfügten, bestand für die „Classis Germanica" bei ihren Seefahrten keinerlei militärische Bedrohung. Lediglich die Küstenbewohner, wie Friesen und Chauken, verfügten wohl über größere Boote. Sie waren jedoch enge Verbündete der Römer, auf deren Stammesgebieten sich auch die römischen Flottenstützpunkte befanden.

All dies dürfte dafür sprechen, dass es bereits zu einem frühen Zeitpunkt der römischen Germanienkriege während der Herrschaft des Augustus eine leistungsstarke, voll einsatzfähige ständige Rheinflotte gab, die sog. „Classis Germanica".

Sie wurde schnell zu einem unverzichtbaren notwendigen Bestandteil der römischen Germanienpolitik. Ihr Operationsradius reichte vom Rhein und seinen schiffbaren Nebenflüssen als militärisch wichtigen Verkehrswegen bis zu den erwähnten Flottenstützpunkten an den Flussmündungen der Nordseeküste.

In all den Jahren ihres Bestehens hatte die „Classis Germanica" keine größeren Verluste, weder durch Feindeinwirkung noch durch Unwetter, hinnehmen müssen, denn davon wäre in den antiken Schriftquellen berichtet worden. Das gilt auch für den Einsatz der Flotte im Jahre 15 n. Chr. während des Sommerfeldzuges des Germanicus. Auf der Rückfahrt von der Sommeroffensive gegen Arminius erlitten durch die plötzlich einsetzende Springflut „nur" die beiden in unmittelbarer Küstennähe marschierenden Legionen des Vitellius große Verluste, nicht jedoch die „Classis Germanica" (Tacitus, Ann. I, 70, 2-5).

Germanicus konnte also bei der Planung der Großoffensive für das Jahr 16 n. Chr. auf eine intakte einsatzerprobte Flotte zurückgreifen.

Doch im Gegensatz zum Sommerfeldzug des Jahres 15 n. Chr. sollte die „Classis Germanica" für die kommende Offensive aufgrund der Analyse des bisherigen Kriegsverlaufes eine neue, herausragende Rolle spielen. Sie hatte nunmehr gemäß dem mit Tiberius abgestimmten militärischen Strategiewechsel die Aufgabe, an Stelle der überforderten Transporteinheiten des Heeres neben Truppen–, Pferde– und Materialtransporten vor allem den Nachschub für das Gesamtheer auf dem Seeweg über die Nordsee und dann flussaufwärts zu den kämpfenden Truppen heranzuschaffen.

Nach Tacitus sollte die „Classis Germanica" die gesamte gewaltige römische Streitmacht per Schiff mit allen Legionen, Hilfstruppen und Reitereinheiten, dem gesamten Kriegsgerät und Ersatzmaterial sowie mit dem enormen Proviant zusammen zur Nordseeküste bringen.

Wurden „tausend" Schiffe im Jahr 16 n. Chr. gebaut?

Die römische Rheinflotte hatte – wie dargelegt – auf Weisung der Militärführung über ihren bisherigen Auftrag hinaus eine gewaltige neue Aufgabe im Rahmen der Großoffensive zu erfüllen. Die Admiralität musste deshalb zuerst einmal den Bestand der vorhandenen Schiffseinheiten der „Classis Germanica" daraufhin überprüfen, welche Schiffe für welche der künftigen Aufgaben tauglich wären und wie viele Schiffe für welche Funktionen noch zusätzlich benötigt würden. Dies war ihr auch möglich, weil sie genaue Kenntnis über den Umfang des Transportgutes hatte. Die Admiralität wusste, wie viel Truppen, Pferde, schweres Kriegsgerät, Ersatzmaterial und vor allem wie viel an Proviant von ihren Schiffseinheiten zu den künftigen Kriegsschauplätzen tief ins Innere Germaniens zu transportieren waren. Nach Abschluss der Bestandsaufnahme und Abgleichung mit dem Anforderungskatalog konnte die Flottenführung dann den Bedarf an zusätzlich benötigten Schiffen ermitteln. Dies war die Voraussetzung für die Entscheidung, die fehlenden Schiffe entsprechend ihrer benötigten Aufgabenfunktion entweder durch Requirierung bislang zivil genutzter und umzurüstender Schiffe oder durch Neubauten zu beschaffen.

Dabei war die Realisierbarkeit dieses Flottenbauprogrammes von verschiedenen Faktoren abhängig: Zuerst von der Anzahl der benötigten Neubauten, dann von der Anzahl der für Frachttransporte zu requirierenden Lastschiffe und den erforderlichen Umfang ihres Umbaues zu nordseetauglichen Frachtschiffen, dann vor allem von der für den Bau bzw. Umbau der Schiffe zur Verfügung stehenden Zeit, da der Beginn der Großoffensive nicht gefährdet werden durfte. Ferner von der Baukapazität in den Werften und der Bereitstellung von geeignetem Schiffsbaumaterial und schließlich von der Verfügbarkeit von genügend ausgebildeten Schiffsmannschaften für die zusätzlich in Dienst zu stellenden Schiffe.

Unter Berücksichtigung all dieser Aspekte stellt sich aufgrund des bereits erwähnten Tacitus–Textes (Ann. II, 6,1 f.) die Frage, was es mit dem von ihm genannten eilig erfolgten Bau von „tausend“ Schiffen für die geplante Großoffensive auf sich hat. Der Begriff „Bau“ wird bekanntlich mit „Neubau“ gleichgesetzt. Aber eine genaue Überprüfung dieser lateinischen Textstelle lässt auch eine andere Übersetzung zu. So wird im Originaltext von „fabricandae classi“ gesprochen, was herkömmlich mit „Bau einer Flotte“ übersetzt wird; doch das Verb „fabricare“ kann auch „bilden, einrichten“, also auch „aufstellen“ bedeuten.

Folgt man dem, so müsste dann die Übersetzung wie folgt lauten: „Silius, Anteius und Caecina wurden mit der Aufstellung einer Flotte beauftragt“. Das wiederum lässt den Schluss zu, dass sie den Auftrag erhielten, neben den bereits vorhandenen einsatztauglichen Schiffen der „Classis Germanica“ höchstwahrscheinlich bereits zivil genutzte Flusstransportschiffe zu beschlagnahmen, um sie für die Nutzung als Militärtransporter nordseetauglich herrichten zu lassen. Daneben dürften aber auch einige Schiffstypen als Sonderanfertigung für spezielle Einsätze im amphibischen Küstenbereich neu gebaut worden sein. Der unmittelbar darauf folgende Tacitus–Text „mille naves sufficere visae properataeque“, wird normalerweise mit „Tausend Schiffe schienen zu genügen und wurden eilig (gebaut)“ übersetzt.[37] Doch er kann sprachlich korrekt dahingehend übertragen werden, dass mit dem unverzüglichen Umbau bzw. der Nachrüstung der Flotte begonnen wurde, um sie schnellstens auf die geforderte Sollstärke von tausend Schiffen zu bringen.

Die im Text genannte Zahl von „tausend“ Schiffen könnte nun lediglich eine Umschreibung, ein Synonym, dafür sein, dass für die Großoffensive gegen Arminius sehr viele Schiffe benötigt würden. So kann nämlich das lateinische „mille“ neben der konkreten Zahl Tausend auch für den unbestimmten Mengenbegriff „unzählige“ stehen.

Aber wegen der Möglichkeit des in Militärfragen kundigen Tacitus, sorgfältig in den „acta senatus“, dem geheimen römischen Staatsarchiv zu recherchieren, soll im Folgenden der Literatur gemäß „mille“ mit Tausend übersetzt werden.[38] Wie später noch darzustellen ist, dürfte diese Zahl für die Gesamtzahl der für die Offensive benötigten Schiffe der Flotte stehen[39], das heißt für eine Aufstockung des bereits vorhandenen einsatzfähigen Schiffsbestandes der „Classis Germanica“ durch etliche Neubauten und Umbauten vorhandener Flusstransporter auf die für erforderlich angesehene Flottenstärke von rund tausend Schiffen.

Sehr enger Zeitrahmen für die Umsetzung des Flottenbauprogrammes

Ebenfalls spricht die sehr knapp bemessene Zeit, die noch bis zum geplanten Beginn der Sommeroffensive verblieb, eindeutig gegen einen Neubau bzw. Umbau von zusätzlich tausend Schiffen. Es standen nämlich mit größter Wahrscheinlichkeit für die erforderlichen Schiffsbauten bzw. Umbauten nur wenige Monate zur Verfügung, wie es sich aus den entsprechenden Berichten des Tacitus ableiten lässt.

So war z. B. das erforderliche Abstimmungsverfahren über das weitere militärische Vorgehen gegen Arminius zwischen Germanicus und Tiberius sehr zeitaufwändig. Die entsprechenden Depeschen mussten jeweils per Kurier überbracht werden. Die Reichspost, für die ununterbrochen Berittene oder Wagen eingesetzt werden konnten, kam auf einen Tagesdurchschnitt von rund 150 km[40], wobei die berüchtigte Alpenquerung mehr Zeit in Anspruch nahm. Da um diese Jahreszeit die Tage kürzer waren und das Wetter schlechter gewesen sein dürfte als im Sommer, wird die Beförderung der Depeschenpost je Strecke über eine Woche gedauert haben. Tiberius wird die Entscheidung Germanicus auch im Jahre 16 n. Chr. den Krieg gegen Arminius mit einer Bündelung aller militärischer Kräfte einschließlich des massiven Einsatzes der „Classis Germanica" fortsetzen zu lassen, nicht leicht gefallen sein, insbesondere deshalb, weil dazu erhebliche Finanzmittel benötigt würden, die nur auf dem Wege einer zusätzlichen Steuereintreibung in Gallien als „Kriegssteuer" beschafft werden konnten.

Die entsprechenden Entscheidungsprozesse werden somit eine geraume Zeit in Anspruch genommen haben. Erst nach Erhalt der kaiserlichen Depesche mit der endgültigen Zusage sowohl zur Fortsetzung des Krieges, als auch zum Beginn des Flottenbauprogrammes und der Erhebung der Kriegssteuer in Gallien konnten Germanicus und sein Generalstab mit der Umsetzung der geplanten Maßnahmen beginnen. Dieses zeitaufwändige Abstimmungsverfahren dürfte sich bis zum Beginn des Jahres 16 n. Chr. hingezogen haben. Dies wird auch mittelbar von Tacitus bestätigt, der den Beginn des Flottenbauprogrammes erst in den Annalen des Jahres 16 n. Chr. erwähnt. Er schildert dies auch nicht unmittelbar im Anschluss an die Ereignisse in Germanien im Jahr 15 n. Chr., sondern erst nachdem er vorher ausführlich zu Anfang der Annalen über Thronwirren in Armenien berichtet hat (Ann. II, 1 - 5).

Dies alles sind Indizien dafür, dass erst im Jahre 16 n. Chr. mit dem Flottenbauprogramm begonnen werden konnte, obwohl diese Flotte bereits rechtzeitig zu Beginn der frühen Sommeroffensive zum Einsatz kommen sollte bzw. musste.

Notwendige Voraussetzungen für die Durchführung des Flottenbauprogrammes

Obwohl die Bauzeit von Kriegsschiffen im Altertum generell kurz war, verblieben für eine erfolgreiche Umsetzung des befohlenen Flottenbauprogrammes nur wenige Monate.[41] So ließ z. B. Caesar für die Hafenblockade in Massilia (Marseille) 49 v. Chr. bei Arelate (Arles) in nur 30 Tagen 12 Kriegsschiffe bauen, wobei es sich aber um einfache, kleine leichtere Schiffseinheiten gehandelt haben dürfte.[42] Andererseits wird von Cassius Dio (49,2) berichtet, dass Octavian, der spätere Augustus, in den Jahren 38 und 37 v. Chr., damit beschäftigt war, Schiffe zu bauen. Dabei dürfte es sich um den Bau einer dringend benötigten Flotte gehandelt haben.

Selbst wenn es auszuschließen ist, dass tausend Schiffe zusätzlich gebaut wurden, so stellten bereits „nur" die notwendigen Umbauten an wahrscheinlich sehr vielen Flusslastschiffen und die benötigten zusätzlichen Schiffsneubauten innerhalb weniger Monate für alle Beteiligten eine sehr große technische, handwerkliche und ausrüstungsbezogene Herausforderung dar.

Der Schiffsverkehr auf dem Rhein war für die Römer die wichtigste Verkehrsart, da er billiger, sicherer und schneller als der Transport auf den Landwegen war und somit das zivile und militärische Leben am Rhein maßgeblich mitprägte. Deshalb verfügten dort alle Militäranlagen und größeren römischen Ansiedlungen über eigene Häfen mit allen notwendigen Einrichtungen.[43]

Obwohl über römische Werften nur sehr wenig bekannt ist, dürften die rheinischen Häfen über genügend Werftkapazitäten, vor allem für die Wartung und Reparatur und wohl auch für den Umbau von Flusslastschiffen zu nordseetauglichen Transportschiffen, verfügt haben.

Es ist bekannt, dass das römische Militär selbst Flottenbauten durchführte; denn seine Flottenbasen, wie z. B. Misenum und Ravenna am Mittelmeer, verfügten über eigene Marinewerften mit entsprechenden Holzlagerplätzen.[44] Daher ist auch für das Rheingebiet davon auszugehen, dass die „Classis Germanica“ an ihrer Flottenbasis in Köln–Alteburg ebenfalls über eine eigene Marinewerft mit Schiffszimmerleuten verfügte, um in der vorgegebenen Zeit eine kleinere Anzahl von Schiffen bauen zu können.

Da die römischen Werften für den Schiffsbau allgemein nur gut abgelagertes Bauholz verwandten – nur für gebogene Schiffsteile, wie z. B. Rippen, nahm man feuchtes, biegsames Holz – werden sie auch genügend Holz der verschiedensten Arten in ihren großen Holzlagern vorrätig gehabt haben. Als Baumaterial dienten entsprechend ihrer späteren Verwendung im Schiffsbau sorgfältig ausgesuchte Hölzer, die überwiegend aus der örtlichen Region stammten. Für Rumpf und Kiel wurden hauptsächlich Weißtanne, Kiefer und Steineiche verwandt, während man für die Planken meist Linden– und Rotbuchenholz und für die Masten Tannenholz verbaute.[45] Zum Bau der plattbödigen Lastschiffe nahm man ausnahmslos, zumindest für die Grundplatte, strapazierfähiges Eichenholz.[46]

Neben den Schiffszimmerleuten mussten dann Seiler, Segelmacher, Maler, Schmiede und Ledermacher für die seetüchtige Ausstattung der neu in den Flottendienst zu stellenden Schiffe sorgen, soweit die notwendigen Ausrüstungsgegenstände, wie Segel und Taue, nicht aus Spanien herbeigeschafft werden konnten, wie es bereits Caesar (De bello Gallico, 5, 1, 4) beim Bau der für die zweite Invasion Britanniens im Jahre 54 v. Chr. benötigten Schiffe angeordnet hatte.

Schiffstypen und Bedarf im Rahmen der Großoffensive

Der Hauptauftrag von Germanicus an die „Classis Germanica“ bestand vor allem darin, die römischen Truppen während ihres Krieges im Inneren Germaniens sicher und ausreichend mit dem lebensnotwendigen Nachschub an Proviant und Kriegsmaterial zu versorgen. Das erforderte eine große Anzahl von Lastschiffen, die nach einer mehrtägigen Fahrt entlang der Nordseeküste von dort aus flussaufwärts getreidelt werden konnten. Daneben sollte auch schweres Kriegsgerät, wie Katapulte oder Wurfgeschütze als stützende Artilleriewaffe, auf dem See– und Flussweg zur kämpfenden Truppe geschafft werden. Darüber hinaus hatte die Flotte auch (nach Tacitus) das gesamte Heer mit seinen Reittieren an die entsprechende Flussmündung an der Nordseeküste zu bringen. Wie weit das möglich und sinnvoll war, ist später noch näher zu erörtern.

Diese verschiedenen Vorgaben durch die militärische Führung waren nun für die Admiralität der „Classis Germanica“ eine große logistische Herausforderung, die dafür am besten geeigneten Schiffstypen in kürzester Zeit zur Verfügung zu stellen.

Es ist naheliegend, dass vorrangig Lastschiffe und Truppentransporter benötigt wurden. Als Begleitschiffe der Schiffskonvois waren nur wenige Kriegsschiffe erforderlich, da die feindlichen Germanen keine eigene Flotte besaßen. Dies berücksichtigt auch Tacitus (Ann. II, 6,2) in seiner Darstellung der jeweiligen Schiffstypen, die umgerüstet oder gebaut werden mussten.

In seiner gekonnt verkürzenden rhetorischen Dramaturgie schafft er es, die Wertigkeit der genannten Schiffstypen für die bevorstehende Großoffensive anhand ihrer Anzahl und Reihenfolge darzustellen:

manche Schiffe sind kurz mit schmalem Hinter– und Vorderteil und breitem Bauch,

einige Schiffe haben flache Kiele, um ohne Schäden aufzulaufen,

mehrere Schiffe haben an beiden Enden Steuerruder und

viele Schiffe erhielten ein Verdeck zur Beförderung von Wurfgeschützen, Pferden und Proviant.

Da die vorhandene Flotte weiterhin einsatz– und voll funktionsfähig war, galt es nun den Bestand an Schiffen jeweils um die Transportkapazität zu erweitern, die erforderlich war, um den gesamten Nachschub für das große römische Heer mit acht Legionen, Hilfstruppen und Bundesgenossen heranzuschaffen.

Dafür dürften sich vor allem die längst bewährten Flussschiffe angeboten haben, die als Lastschiffe vor allem auf dem Rhein den Güterschwertransport durchführten. Die größeren Lastschiffe wurden „oneraria“ und die kleineren Kähne „scaphiae“ genannt.

Zum Transport von Nachschubgütern, vor allem von Massengütern wie Getreide, benötigte man keine aufwändig gebauten empfindlichen Kriegsschiffe oder vergleichbare Schiffstypen (Zwei– oder Dreiruderer), sondern es genügten robuste einfache Lastkähne mit plattem Boden und bis zu 8 cm dicken Planken, um die Kähne auch über felsigen oder sandigen Grund schleppen zu können. Solche flachgehenden, meist kastenförmige Wasserfahrzeuge werden heute oft als „Prahm“ bezeichnet.[47]

Das Wissen um die Flusslastschiffe, die während der römischen Kaiserzeit den Transport schwerer Lasten und von Massengütern im nordwesteuropäischen Wasserstraßennetz bewältigten, ist in den letzten Jahrzehnten vor allem durch die Bergung entsprechender Schiffswracks erheblich vermehrt worden. Das nach seinem niederländischen Fundort „Typ Zwammerdam“ genannte Lastschiff hat zum Beispiel eine Länge von 22,75 m und eine Breite von 2,95 m. Bei einem Tiefgang von 0,5 m hat es eine realistische Ladekapazität von maximal 22 t.[48]

Auch in Xanten–Ward wurde 1991 in einem ehemaligen römerzeitlichen Rheinarm ein Prahm vom „Typ Zwammerdam“ geborgen, der bei einer Länge von 14,79 m eine Breite von 2,60 m besaß. Bei einer Zuladung von 10 t Gewicht geht man von einem Tiefgang von 0,5 m aus.[49]

Wenn Tacitus davon schreibt, dass *viele* Schiffe ein Verdeck zur Beförderung von Wurfgeschützen, Pferden und Proviant erhielten, so spricht er nicht von Neubauten, sondern vom Nachrüsten und Umbauen vorhandener Lastschiffe, was nicht nur viel Zeit, sondern auch erhebliche Bau- und Personalkosten einsparte.

Die Transportmittelrequisition, die „angaria“, also die aus militärischen Gründen erforderliche Beschlagnahme von Transportmitteln, in diesem Fall von zivilen Lastschiffen, war nicht ungewöhnlich. So ist auch von Caesar (De bello Gallico, 4, 20, 3, 4) bekannt, dass er vor seiner ersten Überfahrt nach Britannien im Jahre 55 v. Chr. für das Übersetzen seiner Truppen achtzig Lastschiffe und weitere achtzehn Lastschiffe für die Reiterei requirieren ließ.

Kurzfristig für das Militär requirierte Flusslastschiffe brauchten nicht für die Beförderung vor allem von Massengütern wie Getreide im großem Stil umgebaut werden, sondern sie mussten vor allem mit einer wesentlich höheren Bordwand[50] nachgerüstet werden, um auch als „Küstensegler“ auf der Nordsee entlang der Küste den notwendigen Nachschub zum dortigen Flottenstützpunkt zu bringen. Dieses Nach– und Umrüsten der zuvor für zivile Zwecke genutzten Lastschiffe dürfte auch in der vorgegebenen Zeit zu schaffen gewesen sein.

Beim Einsatz entlang der Nordseeküste wird das Fehlen von Kiel oder Schwert bei diesen plattbödigen römischen Lastkähnen das Kurshalten beim Segeln schon bei leichtem Seitenwind stark erschwert haben[51], was aber zwangsläufig in Kauf genommen werden musste. Diese umgebauten Lastkähne mussten nicht nur Proviant zur dortigen Flottenbasis in der Wesermündung bringen, sondern auch und vor allem regelmäßig den benötigten Proviant weseraufwärts zum mutmaßlichen Nachschublager im Raum Minden schaffen, wobei sie getreidelt werden mussten.

Weiter beschreibt Tacitus, das *mehrere* zusätzlich benötigte Schiffe der „Classis Germanica" an beiden Enden Steuerruder hatten. Dabei dürfte es sich um die klassischen römischen Marinetransporter gehandelt haben, die als Schiffstyp „actuariae" genannt wurden. Die „Classis Germanica" wird davon viele im Bestand gehabt haben. Sie besaßen eine Reihe Riemen (daher die Bezeichnung „monere", Einruderer) für normalerweise fünfzehn Ruderer pro Bootseite sowie ein Rahsegel als Hilfsbesegelung. Sie waren flach gebaut und verfügten sowohl achtern und vorn über je ein Steuerruder, sodass man ohne zu wenden mit ihnen jeden Strand auflaufen und nach Entladung wieder ablegen konnte.

Für diese „actuariae," die als Marinetransporter nicht nur in Küstengewässern, sondern auch auf naturbelassenen Flüssen fahren mussten, wird bei geringem Tiefgang von wohl 0,8 m und einer Breite von 6,5 m eine Schiffslänge von insgesamt 21 m angenommen.[52]

Es gab sie aber auch mit davon abweichenden Abmessungen oder gar als Sonderanfertigung, wenn dies vom militärischen Auftrag her erforderlich wurde.

Daneben wird die römische Admiralität mit Sicherheit auch über eine größere Anzahl von sog. „Liburnen" verfügt haben, die den Römern damals auf Rhein und Donau zum Transport größerer Truppenverbände dienten und im Mittelmeer neben den Trieren zu den Standardschiffen der Römer zählten.[53] Bei der „Liburne" handelt es sich um eine sog. Bireme, bei der zwei Riemenreihen übereinanderliegen, wobei ein niedriges Schanzkleid die Ruderer vor seitlichem feindlichen Beschuss von nahen Flussufern aus schützte.

Abweichend von ihrem Einsatz bei der römischen Mittelmeerflotte wurde die typische Flussliburne von insgesamt 22 Ruderern gerudert. Sie besaß im Regelfall bei 21 m Länge und 3,3 m Breite einen Tiefgang von 0,7 m.

Ebenfalls zur „Classis Germanica" gehörten wohl sehr wenige „Triremen", auch Dreiruderer genannt, weil bei ihnen drei Riemenreihen übereinander liegen.

Die Triremen standen vor allem der Admiralität und selbstverständlich dem Statthalter und Oberbefehlshaber Germanicus zur Verfügung. So wissen wir von Tacitus (Ann. II, 24,2), dass nur die Trireme des Germanicus beim Herbststurm 16 n. Chr. unbeschadet bei den Chauken landen konnte.

Auch beim Bataveraufstand (69/70 n. Chr.) wird von der Trireme des Feldherrn berichtet, die als Beutegeschenk der Bataver für die germanische Seherin Veleda die Lippe hinaufgezogen wurde (Tacitus: Historien V, 22,3). Die Trireme (im Griechischen „Triere") hatte bei einer Länge von 34 m und einer Breite von 5,6 m einen Tiefgang von 1,0 m.

Die Besatzung wird mit 150 Ruderern, 12 Matrosen und 80 - 90 Marinesoldaten sowie der Schiffsführung angegeben.[54]

Zusammenfassend ist zu sagen, dass Germanicus für die geplante Großoffensive 16 n. Chr. gegen Arminius insgesamt rund tausend einsatzfähige Schiffe, vor allem Lastschiffe und Marinetransporter benötigte, um Nachschub und Truppen zur Nordseeküste zu bringen. Der Bau von zusätzlichen tausend Schiffen war aus den zuvor genannten Gründen nicht möglich und auch nicht erforderlich.

Zum Transport von Massengütern wie Getreide und zur Beförderung von schwerem Kriegsgerät und Pferden werden Flusslastschiffe, die zuvor wahrscheinlich im zivilen Bereich eingesetzt waren, umgebaut bzw. nachgerüstet worden sein.

Die „actuariae“ dürften wohl bis auf wenige Ausnahmen bereits als Marinetransporter zum festen Bestandteil der „Classis Germanica“ gehört und zum Truppentransport gedient haben.

Daneben werden aber auch Neubauten von Schiffen erforderlich gewesen sein, die nach den besonderen Anforderungen des Heeres gebaut wurden. Nur dieses Um– und Nachrüsten vorhandener Schiffe und Bauen spezieller Schiffe konnte unter Einsatz aller Kräfte in wenigen Monaten geleistet werden.

Bereitstellung zusätzlicher Schiffsmannschaften

Gegen den Neubau von tausend Schiffen spricht auch das Problem der zusätzlichen Bereitstellung von nautisch geschultem Personal für die Decks– und Ruderdienste auf den neu in Dienst zu stellenden Schiffen.

Im ganzen Altertum war es ein ständiges Problem für die jeweilige Admiralität, geeignete eingeübte, seetaugliche Mannschaften für ihre Seestreitkräfte zu bekommen, um die volle Fahr– und Kampfbereitschaft ihrer Schiffe sicherzustellen. Das galt natürlich auch für die römischen Flotten. Es war nicht damit getan, Sklaven oder Kriegsgefangene angekettet an die Ruder zu setzen, denn die Fahr– und Kampfbereitschaft der Flotte hing in höchstem Maße von der Qualität und Leistungsfähigkeit der Ruderer ab, die im Griechischen als „Rojer“ und im Lateinischen als „remiges“ bezeichnet wurden. Bei den Ruderern handelte es sich daher um sehr sorgfältig ausgebildete Mannschaften, die als vollwertige römische Marineangehörige den gleichen Soldanspruch wie Soldaten hatten.[55] Nach Cassius Dio (49,2) ließ Octavian in den Jahren

38 und 37 v. Chr. wie erwähnt nicht nur Schiffe bauen, sondern auch Ruderer rekrutieren und einüben.

Die Schiffsmannschaften der Matrosenlaufbahn innerhalb der römischen Flotten setzten sich aus zwei eigenen Dienstzweigen zusammen.[56]

Neben dem seemännischen Dienst (dem Decksdienst mit dem Bedienen der Besegelung, dem Signal–, Ausguck– und Lecksicherungs– und Brandbekämpfungsdienst) gab es den schiffstechnischen Dienst, der für den wichtigen Schiffsantrieb verantwortlich war und von den „remiges" geleistet werden musste.

Es ist daher nahe liegend, dass die römische Admiralität bei den Anwerbungen für die Mannschaften ihrer Marineverbände vor allem auf die seefahrende Bevölkerung des römischen Imperiums zurückgriff. Da die Bataver, die zum großen Teil auf der Betuwe, einer großen Rheininsel lebten, mit Schiffsfahrzeugen vertraut waren, wurden sie auch für Ruderdienste der „Classis Germanica" angeworben. So erwähnt nämlich Tacitus (Historien IV, 16,3), dass beim Bataver–Aufstand (69/70 n. Chr.) ein Teil der Ruderer auf den römischen Schiffen aus Batavern bestand.[57]

Obwohl für die Besatzung der Lastschiffe die Anforderungen der Marine sicherlich geringer waren, dürfte es dennoch für die Admiralität in Köln–Alteburg schwierig gewesen sein, für die zusätzlich in Dienst zu stellenden Schiffe genügend ausgebildete Mannschaften zu rekrutieren. Damit dürfte auch deutlich geworden sein, dass für tausend neue Schiffe nicht in kürzester Zeit geeignete Mannschaften gewonnen werden konnten.

B. Der Aufmarsch der Streitmacht (Seetransporte und Landwege)

Das römische Truppenaufgebot

Vor dem Einsatz der „Classis Germanica“ ist es zunächst wichtig zu wissen, wie viele Soldaten Germanicus für seine Großoffensive aufbieten konnte.

Tacitus (Ann. II, 16,3) gibt dazu einen Hinweis, indem er vor der Schlacht bei Idistaviso im Raum Minden die römische Truppenstärke wie folgt benennt:

Neben den acht Legionen gab es die gallischen und germanischen Hilfstruppen, die Leichtbewaffneten mit den berittenen Bogenschützen, die restlichen Kohorten der Bundesgenossen, die beiden Praetorianer–Kohorten des Germanicus mit „einer Reiterelite“ und die Bogenschützen zu Fuß.

Es ist nahe liegend, dass die Zahl des römischen Gesamtheeres aufgrund dieser Angaben nicht genau ermittelt werden kann. Unsicherheiten entstehen dadurch, dass die jeweilige Kampfstärke der Legionen nicht bekannt ist. Es ist nämlich zu berücksichtigen, dass diese nicht in voller Mannschaftsstärke antraten, da zur Sicherung der Rheinlinie dort sicherlich neben Hilfstruppen auch noch gewisse römische Truppenteile zurückblieben. Außerdem mussten Lagerbesatzungen den Schutz der Lager und der Nachschubbasis sichern.

Ebenfalls gibt es keine genauen Angaben über die Zahl der Hilfstruppen.

Da Germanicus jedoch alle verfügbaren Militäreinheiten für diese Großoffensive gegen Arminius aufgeboten hat, wird in der Literatur eine Gesamtstärke des römischen Heeres von rund 80 000 Soldaten für realistisch gehalten.[58]

Im Folgenden ist daher davon auszugehen, dass dem Germanicus rund 80 000 Mann an Legionären, Praetorianern,

Hilfstruppen und Bundesgenossen für die Kampfhandlungen gegen Arminius im Rahmen seiner Großoffensive zur Verfügung standen.

Es ist nun natürlich zu fragen, wie viele Krieger von Arminius zum Kampf gegen diese gewaltige Streitmacht des Germanicus aufgeboten werden konnten.

Über die Zahl seiner Stammeskrieger gibt es keine überlieferten und belegbaren Angaben. Der Vor– und Frühgeschichtler H. Steuer nimmt für das freie Germanien zwischen Rhein und Oder eine Bevölkerungszahl von 3 - 4 Millionen an, die dann nach einem von ihm dargelegten Schlüssel rund 800 000 Krieger stellen konnte.

Obwohl die Arminius–Koalition „nur“ aus einigen Stämmen bestand, dürfte er dennoch über genügend Krieger zum Kampf gegen Germanicus verfügt haben.[59]

Anlandung des Germanicus in der Emsmündung?

Doch vor der Prüfung der Frage, ob die gesamte römische Streitmacht des Germanicus 16 n. Chr. allein auf dem Seeweg zu den späteren Kriegsschauplätzen gebracht werden konnte, muss der Anlandungsort der römischen Flotte an der Nordseeküste gefunden werden.

Nach Tacitus (Ann. II, 8, 1-2) soll Germanicus mit seiner Flotte bis zur Emsmündung gefahren sein, wo die Truppen an Land gingen: „In dem linken Lauf der Ems ließ er die Flotte zurück und beging damit einen Fehler, weil er sie nicht stromaufwärts fahren ließ. Er ließ das Heer, das in die Gebiete zur Rechten gehen sollte, übersetzen.“

Danach hätte Germanicus sein Heer dann von der Emsmündung bis zum Raum Minden auf dem Landweg zur Weser führen müssen, wo bekanntlich die Schlacht bei Idistaviso stattgefunden haben soll.

Obwohl der Schlachtort selbst bislang archäologisch nicht nachgewiesen werden konnte, ist aufgrund topographischer Hinweise bei Tacitus (Ann. II, 16,1) davon auszugehen, dass er auf der rechten Weserseite im Raum Minden in der Nähe des Wesergebirges zu suchen sein dürfte, ob nördlich oder südlich davon ist umstritten.[60] Da ein direkter Marsch dorthin durch die ausgedehnten niederdeutschen Moorgebiete für große Truppenverbände mit entsprechendem Tross nicht möglich war, bliebe daher als Anmarschweg wohl nur die Route über Leer, Papenburg, Meppen bis Lingen, um von dort über Fürstenau, Ueffeln (Ankum), Bramsche, Barenaue nach Minden zu kommen. Dabei wäre eine Marschstrecke von rund 230 km zurückzulegen.[61] Auch die Strecke ab Meppen, ein kurzes Stück Hase aufwärts, dann über Diepholz nach Minden wird für möglich gehalten.[62] Bis Lingen oder Meppen dürfte der benötigte Nachschub an Proviant und Material auf jeden Fall mit den umgebauten Lastkähnen herangeschafft worden sein. Doch von einem dieser Emsorte aus müsste dann die gesamte Versorgung des Heeres durch große Trosskolonnen erfolgen.

Auch wenn Tacitus (Ann. II, 8,2) sagt, dass Germanicus die Flotte in der Emsmündung zurückließ, so heißt das lediglich, dass an der Flussmündung die Truppen– und Pferdetransporter, die Kriegsschiffe und die Trireme des Germanicus zurückblieben, jedoch nicht die leicht gebauten Proviantlastschiffe.

Es wäre logistisch auch widersinnig gewesen, parallel zu schiffbaren Gewässern den benötigten Proviant mühsam auf dem Landwege transportieren zu lassen.

Nach Tacitus müssten an der Emsmündung mindestens 80 000 Mann und Abertausende von Reit–, Zug– und Lasttieren an Land gegangen sein. Für sie alle den nötigen Nachschub sicherzustellen, stellte eine enorm logistische Herausforderung an die Trosseinheiten dar.

Der monatliche Nachschubbedarf allein an Weizen ist enorm hoch.[63]

Da für die Umrechnung der damaligen Gewichtsmaße heute unterschiedliche Ausgangswerte angenommen werden, soll hier nur ein monatlicher Mindestbedarf an Weizen für das Gesamtheer von über 2000 Tonnen angenommen werden. Dazu kommt noch der monatliche Bedarf an Gerste für die Reittiere von circa 90 kg pro Reitpferd. Da aber auch die Zug- und Tragtiere versorgt werden mussten, kommt man auch bei der Gerste auf einen Mindestbedarf von 1500 Tonnen.

Zu den Nahrungsmitteln der Soldaten gehörten natürlich nicht nur Weizen, sondern auch Salz, Olivenöl, Käse und Fleisch. Sicherlich wurde nicht nur Trinkwasser getrunken, sondern auch der zweitgekelterte Wein (lora oder posca), der sehr sauer war,[64] die höheren Dienstränge werden sich jedoch damit nicht begnügt haben. Der Tross musste auch die Ersatzbeschaffung für unbrauchbar gewordene militärische Bekleidung wie Schuhwerk und für defekte oder verlorengegangene Waffen und verbrauchte Munition wie Pfeile und Schleuderkugeln sicherstellen.

Wenn nun in Lingen (oder Meppen) ein Flottenstützpunkt mit einem großen Nachschublager für Proviant und sonstigem Heeresbedarf eingerichtet worden wäre, dann müsste von dort aus das Heer während des gesamten weiteren Feldzuges mit allem Notwendigen versorgt worden sein, unabhängig davon, wie weit sich das Heer im Rahmen von Kampfhandlungen entfernen würde.

Es war logistisch, kapazitätsmäßig sowohl von der Menge an Transportgut als auch vom Umfang des Fuhrparkes her unmöglich, den gesamten Proviant– und Nachschubbedarf des Heeres für die unbestimmte Zeit des Feldzuges mit einem einzigen riesigen Tross gleichzeitig mit dem Heer mittransportieren zu lassen.

Soviel Nachschub hätten auch die Lastschiffe gar nicht innerhalb einiger Tage anlanden und löschen können. Die römischen Trosskolonnen hätten also zwischen dem Nachschubdepot in Lingen (oder Meppen), das per Schiff ständig aufgefüllt werden musste, und dem jeweiligen Aufenthaltsort des Heeres in einer Art Pendelverkehr hin und herfahren müssen.

Ohne ausreichende militärische Begleitsicherung für jede einzelne Trosskolonne wären diese Kolonnen zwangsläufig ein begehrtes Angriffsziel kleinerer germanischer Verbände gewesen, um bei geringem eigenen Risiko unberechenbar und wirkungsvoll den Heeresnachschub empfindlich zu stören, wenn nicht sogar vorübergehend ganz zu unterbinden.

Die topographischen Begebenheiten des mutmaßlichen Trossweges von der mittleren Ems zur Weser zwischen Mooren und den Nordhängen des Wiehengebirges boten jedem ortskundigen Angreifer ideale Voraussetzungen für wirksame erfolgreiche Überfälle.

Da der Generalstab den gesamten Verlauf der Großoffensive in Kenntnis der Topographie Niedergermaniens bis ins Detail eben „generalstabsmäßig“ geplant hatte, dürfte ihm dieses unkalkulierbare Risiko für den Tross bewusst gewesen sein. Daher dürfte für ihn dieser lange Anmarschweg des Trosses auf dem Landweg kaum akzeptabel gewesen sein.

Eine Landung an der Emsmündung, um von da nach Minden zu marschieren, stand daher im strikten Gegensatz zur strategischen Zielsetzung dieser Großoffensive; nämlich den Truppen möglichst lange Fußmärsche zu ersparen und den Nachschub weitgehend ohne große stets gefährdete Trosskolonnen auf dem Wasser per Schiff zeitnah zu den kämpfenden Truppen zu bringen.

Die militärische Logik und die lange Erfahrung im Kampf mit den germanischen Stämmen bei gleichzeitiger genauer Kenntnis der Topographie Niedergermaniens sprach somit für Germanicus und seinen Generalstab eindeutig gegen eine

Landung des Heeres an der Emsmündung. Da Germanicus als erfahrener Heerführer aus den Fehlern seiner vorhergehenden Feldzüge die entsprechenden Lehren gezogen hatte, ist im Folgenden davon auszugehen, dass eine Landung der Flotte in der Emsmündung zum Anlanden des römischen Heeres auszuschließen ist. Zwar widerspricht dies dem Text bei Tacitus, doch muss dabei bedacht werden, dass er auch in anderem Zusammenhang irrtümlicherweise Flussnamen verwechselt hat.[65]

Anlandung des Germanicus in der Wesermündung

Eine mit sehr großer Wahrscheinlichkeit irrtümliche Flussbezeichnung darf daher einer militärisch logischen und in sich schlüssigen Textanalyse und Interpretation nicht im Wege stehen. Es ist also geboten, im diesbezüglichen Tacitus–Text eine Konjektur vorzunehmen, also die Korrektur einer sogen. verderbten Textstelle, um an Stelle der „Ems" den Namen „Weser" einzusetzen. Demnach wäre dann Germanicus in der Wesermündung gelandet.[66]

Auch dort dürfte sich wie an der Emsmündung ein römischer Flottenstützpunkt mit einem Lager– und Stapelplatz befunden haben, von dem aus die römischen Truppen weseraufwärts marschieren konnten.

In Minden ließ Germanicus dann mit sehr großer Wahrscheinlichkeit ein Lager errichten, weil sich an den dortigen Weserfurten am Rande der Tiefebene und in Höhe der Porta Westfalica wichtige Verkehrswege kreuzten. Ebenfalls gab es von dort einen direkten alten Verkehrsweg zu den Militärlagern an der Lippe. Aufgrund der über lange Jahre gesammelten guten Kenntnisse über die Fluss– und Verkehrssysteme im rechtsrheinischen Germanien wird der römische Generalstab daher den Standort Minden für das Ausgangs–

und Nachschublager des Krieges gegen Arminius sorgfältig und mit Bedacht ausgewählt haben. Gute Lagerplätze für das Militär zu finden, war für jede gute Militärführung stets eine wichtige Aufgabe. Nach den überlieferten römischen Militär-Handbüchern (z.B. von Pseudo-Hyginus: „Über die Befestigung des Lagers“, oder von Vegetius: „Abriss einer römischen Militärgeschichte“) sollte ein guter Lagerplatz in der Nähe von Versorgungsmöglichkeiten mit Proviant, vor allem Getreide, mit Holz und vor allem mit genügend gesundem Wasser liegen. Sumpfiges oder überflutungsgefährdetes Gelände sollten ebenso vermieden werden wie eine zu große Nähe von Wäldern, die einen plötzlichen feindlichen Angriff erleichtern könnten. Dagegen wurden Lagerplätze an Flussübergängen und Furten empfohlen. Die Größe eines Militärlagers hing natürlich von der jeweiligen Anzahl von Soldaten, dem Umfang der Vorräte und den örtlichen Gegebenheiten ab. Der o.g. Pseudo-Hyginus, der wohl im späten ersten Jahrhundert n. Chr. lebte, empfahl den für einen Lagerbau eingesetzten Vermessern, für je 1175 Mann eine Lagerfläche von rund 1 ha vorzusehen.[67]

Die verkehrsgünstige und strategische Bedeutung Mindens hat E. Schrader in seinem topographischen Atlas „Die Landschaften Niedersachsens“ wie folgt prägnant dargestellt: „Seit den ältesten geschichtlichen Zeiten war die Weserscharte das natürliche Verkehrstor für die aus dem rheinisch–westfälischen Raum nach Nord– und Ostdeutschland führende Fernstraßen. Hier traf die von Osnabrück durch das Hase–Else–Tal kommende Straße mit dem von Süden durch den Pass von Bielefeld in die Weserfestung eintretenden „Paderborner Hellweg“ zusammen, verliefen am linken Flussufer durch die Porta Westfalica und trafen in Minden auf den am Nordhang des Wiehengebirges entlangziehenden Hellweg, der bei Minden die Weser überschritt. Die Weserfurt bei Minden wurde so der natürliche Knotenpunkt der Straßen, die sich jenseits der Furt in einen östlichen und einen weserabwärts führenden Ast gabelten.“[68]

Auch die dort siedelnden germanischen Stämme hatten den strategischen Wert am Tor zur „Weserfestung“ erkannt. An diesem verkehrsgünstigen Platz gründete auch Karl der Große zielbewusst das Bistum Minden. Für ein großes römisches Ausgangs– und Nachschublager an der Mittelweser konnte es daher keinen besseren Ort als Minden geben. Das gut erreichbare Lager in Minden dürfte somit als Ausgangsbasis und Versorgungsstützpunkt für die kommenden militärischen Auseinandersetzungen mit der Arminius–Koalition gedient haben.

Für den Marsch der Truppen des Germanicus weseraufwärts nach Minden dürfte auch folgende Stelle bei Tacitus (Ann. II, 8,4) sprechen: „Als Caesar (Germanicus) ein Lager (an der Weser) aufschlug, meldete man ihm den Abfall der Angrivarier im Rücken“.

Da die Angrivarier zwischen den Chauken an der Unterweser und den Cheruskern an der Mittel– u. Oberweser siedelten, muss Germanicus durch ihr Stammesgebiet weseraufwärts gezogen sein, wenn sich die Angrivarier im Rücken der bei Minden lagernden Römer befanden. Stertinius wurde daraufhin auch sofort von Germanicus mit Reiterei und Leichtbewaffneten zu den Angrivariern weserabwärts geschickt, um deren Aufbegehren gegen die Römer umgehend militärisch abzustrafen und weitere feindliche Handlungen bereits im Keime blutig zu ersticken.

Die umgehend militärisch erzwungene Sicherung des Transportweges für die Proviantschiffe auf der Weser dürfte auch sehr erfolgreich gewesen sein, da während aller folgenden Kämpfe von einem Proviantmangel der römischen Truppen nicht die Rede war.

Wahrscheinlich hatten sich beutegierige Angrivarier nach dem Durchzug der römischen Truppen die langwierig stromaufwärts getreidelten Proviantschiffe als leichtes Angriffsziel ausgesucht. Diese prahmartigen plattbodigen Lastschiffe mussten schwer beladen mühsam durch Menschenkraft stromaufwärts getreidelt werden, bei einer Tagesleistung von circa 15 km.[69]

Wie mühsam und gefahrvoll der Transport des Nachschubes auf der Weser war, wird mit der Rekonstruktion eines naturbelassenen Stromes wie der Weser zur römischen Kaiserzeit bei E. Bremer eindrucksvoll beschrieben: „Das Flussbett ist breiter, die Flussschlingen sind ausgeprägter, Inseln, Geschiebebänke und Nebenarme kommen häufig vor, das Fahrwasser ist flacher und von unregelmäßiger Tiefe, die Ufer sind – außer an den Prallhängen – niedriger".[70]

Anlandung des Germanicus am westlichen, linken Ufer der Wesermündung?

Auf Grund der oben dargelegten mutmaßlich irrtümlichen Nennung der „Ems" anstelle der „Weser" durch Tacitus müsste demnach die „Classis Germanica" in Wirklichkeit im „linken Lauf der Weser" gelandet sein, also auf der westlichen Weserseite. Üblicherweise bezeichnet man heute die Flussseiten mit „links" oder „rechts" immer ausgehend von der Quelle zur Mündung hin. Somit hätte sich Germanicus mit seinen Truppen auf der westlichen Weserseite befunden, also auf der Weserseite auf der stromaufwärts auch das Marschziel Minden liegt.

Doch dem dürfte folgende Stelle bei Tacitus (Ann. II, 8, 2 u. 3) entgegenstehen: „In dem linken Lauf der Weser (anstelle: Ems) ließ er die Flotte zurück und beging damit einen Fehler, weil er sie nicht stromaufwärts fahren ließ. Er ließ das Heer, das in die Gebiete zur Rechten gehen sollte, übersetzen. So gingen zu viele Tage mit dem Bau von Brücken verloren.

Zwar überschritten die Reiterei und die Legionen unverzagt die ersten Watten, als die Flut noch nicht eingesetzt hatte,...."

Es drängt sich daher die Frage auf, warum Germanicus seine Truppen sehr zeitaufwändig und nie ganz risikolos von der linken, westlichen auf die rechte, östliche Weserseite übersetzen ließ, obwohl sein Marschziel Minden auf der linken (westlichen) Weserseite lag.

Mit dieser Frage wird jedoch nur scheinbar ein Problem angesprochen, da es sich wie folgt lösen und erklären lässt. Dieses Problem ist nämlich nur durch die geographische Zuordnung von „rechts" für die östliche und „links" für die westliche Weserseite entstanden. Dabei ergab eine diesbezügliche Prüfung, dass es diese geographisch begriffliche Zuordnung zur römischen Zeit noch gar nicht gab, sondern erst seit der Neuzeit.[71] Dies wird auch dadurch bestätigt, dass die antiken überlieferten Schriftquellen über die Germanen und ihre Beziehungen zum römischen Reich[72] z. B. hinsichtlich des Rheines von „Transrhenani" oder von „trans Rhenum" sprechen. Nur in den deutschen Übersetzungen wird von „rechtsrheinisch" gesprochen.

Beim Einfahren in die Flussmündungen von der Seeseite aus verwandten die Römer jedoch die Begriffe „linkes" oder „rechtes" Ufer entsprechend der Bugrichtung ihrer Schiffe.

Diese Regelung bei der seeseitigen Einfahrt in Flussmündungen, wie sie bereits für die Römer galt, wird im Übrigen auch heute noch von der Seeschifffahrtsstraßenordnung (S Sch SO) vorgeschrieben, die auch für die Unterweser gilt: „Von der See her einlaufend..... ist linkerhand Backbord und rechterhand Steuerbordseite eines Fahrwassers. Auslaufend ist es umgekehrt."[73]

Damit hat sich das o. g. Problem von selbst gelöst, da die römische Flotte seeseitig in die Wesermündung einfahrend auf ihrer linken Flussseite also auf der heutigen rechten, östlichen Weserseite anlandete.

Bremerhaven als Standort des römischen Flottenstützpunktes

Als mutmaßlicher geeigneter Platz für den dortigen römischen Flottenstützpunkt dürfte das heutige Bremerhaven in Frage kommen. Der Ort liegt überflutungsfrei an der Schlauchmündung der Weser mit direktem Zugang zur Nordsee.

Da die Unterweser ab Bremen bis zur Mündung ein Gezeitenstrom ist, wo zweimal am Tage das mit Meerwasser angereicherte Flusswasser bis nach Bremen kommt, war es für den Flottenstützpunkt wichtig, dass mit der Geeste, die in Lehe, dem heutigen Stadtgebiet von Bremerhaven, in die Weser fließt, genügend Trinkwasser zur Verfügung stand, was auf der linken, westlich gegenüberliegenden Weserseite mit ihren Brackmarschen nicht gegeben war.

Zudem reichen die sandigen Ablagerungen der sog. Geest aus der Eiszeit (Saale–Eiszeit) am rechten, östlichen Ufer sehr viel näher an die Weser heran als westlich des Stromes und bilden eine über 50 km lange natürliche, trockene Nord–Südverbindung bis nach Bremen, wo es eine Furt an der Gezeitengrenze gab, die einen idealen Übergang für den alten Heer– und Handelsweg bildete. Auch diese Furt als wichtiger Verkehrsknotenpunkt, der noch im Stammesgebiet der befreundeten Chauken lag, dürften die Römer militärisch gesichert haben.

Die strategisch günstige Lage von Lehe-Bremerhaven an der Geesteeinmündung in die Weser hat bis in die frühe Neuzeit ihre Geltung bewahrt. Mindestens seit der Christianisierung hat sich dort über Jahrhunderte hochwasserfrei ein Markt befunden. Der langjährige Leiter des Schifffahrtsmuseums Bremerhaven, Detlev Ellmers, begründet dies u.a. wie folgt: „Hier hinter den Strandwällen fanden Seeschiffe einen gegen Wellen und Weststürme gut geschützten Hafen, den sie wegen des Tidenhubs (heute 3,60 m) auch mit großem Tiefgang erreichen konnten. Zugleich konnten sie hier ihre Süßwasservorräte auffüllen. Im Übrigen sind die Einmündungen kleiner Gewässer in größere die beliebten Schiffslandeplätze gewesen, weil sie Schutz vor der Strömung des großen Flusses boten und meist ein grobkörnigeres Sediment des Schuttkegel in den großen Fluss ausschütteten, auf dem Boote durch Auflaufen gut landen konnten, weil der Untergrund fester war."[74] Es ist daher auch nachvollziehbar, dass der schwedische König Karl XI. im 17. Jahrhundert ebenfalls an der Geeste-Mündung die „Karlsburg" zur strategischen Sicherung der Wesermündung errichten ließ. Bereits die mit den Römern verbündeten Chauken hatten die strategische Bedeutung der Wesermündung erkannt. So konnte in der Nähe von Bremerhaven bei Sievern archäologisch eine bedeutende mit Palisaden bewehrte Siedlung, die sogen. Heidenschanze, nachgewiesen werden. Dabei könnte es sich um den bei Ptolemaios (Geographia 2, 12) genannten Ort Fabiranum handeln, wie das die transformierten Koordinaten nahe legen.[75]

Obwohl die Strömung der Weser durch die Gezeitenwechsel und dadurch mit bedingte neue Sandbankbildungen sich des Öfteren veränderte, ist davon auszugehen, dass durch den Geeste–Zufluss die Fahrrinne für den dortigen Flottenstützpunkt immer geräumt wurde und dadurch stets gut für die römische Flotte erreichbar war.

Vom Flottenstützpunkt in Bremerhaven aus war die Furt in Bremen auf dem gut passierbaren Geeststreifen zügig zu erreichen. Noch in der Neuzeit wurde dort die Eisenbahnlinie Bremen–Bremerhaven gebaut. Gleichzeitig konnte so das kaum passierbare sumpfige Hunte–Mündungsdelta auf der gegenüberliegenden Weserseite umgangen werden.

Dafür, das Germanicus die Furt in Bremen über die Weser zum Truppenübergang benutzt haben dürfte, spricht die Textstelle des Tacitus (Ann. II, 8,2 - 3), wonach „die Reiterei und die Legionen unverzagt die ersten Watten überschritten, als die Flut noch nicht eingesetzt hatte.“

Erst in Bremen gab es die erste passierbare Furt über die Weser. Auch der Hinweis, dass „die Flut noch nicht eingesetzt hatte“ passt geographisch genau zum Bremer Furtübergang, weil dort die Tidegrenze (Gezeitengrenze) zwischen Binnenlandstrom und dem Gezeitenstrom liegt, d. h. die Flutwelle von der Nordsee her ausläuft.[76]

Da Tacitus vor dem Weserübergang der römischen Truppen davon berichtet, dass zu viele Tage mit dem Bau von Brücken verloren gingen, könnte angenommen werden, dass der Weserübergang über Brücken erfolgt sei. Doch werden durch pioniertechnische Maßnahmen die Furtübergänge lediglich passierbarer und sicherer gemacht worden sein. Schließlich gehörten zum Heereszug auch Fahrzeuge, die nicht so einfach wie Fußsoldaten oder Reiter die Furt überqueren konnten. Stabile Holzbrücken über die dort schon breite Weser wären darüber hinaus auch logistisch kontraproduktiv gewesen, da sie den wichtigen Schifffahrtsweg von Bremerhaven weseraufwärts nach Minden für die Proviantschiffe massiv behindern hätten.

Nach dem erfolgreichen Überqueren der Weser in Bremen konnten nun die römischen Truppen auf der linken, westlichen Weserseite auf dem alten Heer– und Handelsweg über Hoya, Stolzenau nach Minden stromaufwärts marschieren. Dabei benutzten sie die sumpf– und hochwasserfreie Niederterrasse in der Nähe zur Weser[77], auf der sie mit großer Wahrscheinlichkeit römische Proviantschiffe begleiteten. Durch den Marsch auf dem westlichen Weserufer konnte auch das sumpfige Mündungsdelta der Aller auf der östlichen Weserseite umgangen werden. Außerdem bewegten sich die Römer noch eine gewisse Wegstrecke im Gebiet der befreundeten Chauken.

Bei Minden wurde dann ein Lager aufgeschlagen. Dabei dürfte es sich um ein gut gesichertes Hauptquartier für Germanicus gehandelt haben, da Tacitus ein einfaches Marschlager nicht erwähnt hätte. Dort dürfte auch der Umschlag– und Stapelplatz für den Nachschub des Heeres eingerichtet worden sein, wo der von Bremerhaven ständig angelieferte Nachschub zwischengelagert wurde. Der Begriff „Lager" steht hier jedoch nicht nur für ein einzelnes Lager, sondern er bezeichnet vielmehr den dortigen Lageraufenthalt der gesamten römischen Streitmacht.

Es ist nämlich ausgeschlossen, rund 80 000 Soldaten in einem einzigen Lager geordnet unterzubringen. Vielmehr dürfte es sich um eine Großzahl auseinander liegender einzelner Lager der jeweiligen Legionen, Bundesgenossen und Hilfstruppen gehandelt haben.

Allein schon aus hygienischen, versorgungstechnischen und militärischen Gründen war dies zwingend geboten.

Konnte die gesamte Streitmacht per Schiff zur Wesermündung gelangen?

In Anbetracht der sehr hohen Zahl von rd. 80 000 Mann, die auf römischer Seite die Schlacht bei Idistaviso bestritten, stellt sich die Frage, ob diese gewaltige Streitmacht mit abertausenden von Pferden allein durch die römische Flotte auf dem Seeweg mit Truppentransportern zum Flottenstützpunkt Bremerhaven in die Wesermündung gebracht werden konnte.

Die „Classis Germanica" war bekanntlich keine Invasionsflotte, die sehr große Truppenkontingente und starke Reitereinheiten im feindlichen Küstenbereich an Land bringen musste, wie es z. B. im Jahre 54 v. Chr. bei der zweiten römischen Invasion Britanniens durch Caesar erforderlich wurde.

Sie war vorrangig für den Einsatz auf dem Rhein und seinen schiffbaren Nebenflüssen sowie für Transporte im amphibischen Küstenbereich der Nordsee vorgesehen.

Im Rahmen ihrer Funktion, u. a. für das Heer unterstützende Dienste zu leisten, musste sie jedoch auch in der Vergangenheit beachtliche Truppenverbände mit ihren Truppentransportern befördern.

So wurde auch Germanicus mit Truppen der Oberrheinarmee 15 n. Chr. durch die „Classis Germanica“ emsaufwärts gefahren. Zumindest werden sie bis zur Emsmündung gekommen sein,[78] um von dort aus emsaufwärts ins Gebiet der Brukterer zu marschieren, um sich nicht zeit– und arbeitsaufwändig auf ihren Truppentransportern die Ems aufwärts treideln zu lassen. Auf dem Rückzug jedoch fuhr Germanicus mit den ihn begleitenden Legionen der Oberrheinarmee auf den inzwischen auf der Ems nachgekommenen Truppentransportern wieder zur Emsmündung zurück (Tacitus, Ann. I, 3,1).

Demnach musste es also zu diesem Zeitpunkt bereits eine beachtliche Anzahl von Marinetransportern zum Truppentransport gegeben haben.

Für den Transport des Nachschubs für die kämpfenden Verbände war die Flotte offensichtlich in den vorhergehenden Feldzügen des Germanicus nicht zuständig, sonst hätte es ja nicht wegen der großen Probleme mit den überlangen Trosskolonnen auf immer längeren Strecken den Strategiewechsel von Germanicus gegeben. Wonach ja gerade auch der Nachschub möglichst auf dem See– und Flussweg von der „Classis Germanica“ schnell, sicher und effektiv zu den kämpfenden Einheiten gebracht werden sollte.

Da das Operationsgebiet der Großoffensive im Gebiet der Cherusker an der mittleren und oberen Weser liegen würde, musste der benötigte Nachschub demnach von der Wesermündung aus in flusstauglichen Lastkähnen weseraufwärts geschafft werden, einschließlich des schweren „Artillerie"–Gerätes, wie Wurfgeschütze und Katapulte.

Tacitus vermittelt fälschlicherweise den Eindruck, als ob die vollzählige Flotte mit tausend Schiffen wie eine Invasionsflotte gleichzeitig mit dem gesamten römischen Heer und Abertausenden von Pferden einschließlich des enorm großen Nachschubs in der Wesermündung beim Flottenstützpunkt Bremerhaven eingetroffen wäre.

Doch das war allein schon von der dortigen Kapazität der Anlegeplätze her gar nicht möglich.

Bei einer durchschnittlich angenommenen Schiffslänge von je 20 m ergäbe dies bei gleichzeitiger Ankunft der Riesenarmada von tausend Schiffen eine benötigte Anlegelänge von weit über 20 km Länge, da bei der Vertauung am Ufer zwischen den einzelnen Schiffen noch ein gewisser Sicherheitsabstand bestanden haben dürfte.

In einem unberechenbaren Gezeitenstrom wie der Unterweser mit beachtlichem Tidenhub dürfte ein Nebeneinanderliegen in den Fluss hinein kaum, und wenn, nur sehr kurzfristig möglich gewesen sein.

Bereits diese theoretisch benötigte Anlegelänge von über 20 km macht deutlich, dass die „Classis Germanica" nicht gleichzeitig geschlossen am Flottenstützpunkt Bremerhaven ankommen konnte. Diesen Eindruck scheint Tacitus aber selbst (Ann. II, 8,1) zu relativieren, wonach Germanicus vor seiner eigenen Abfahrt von der Bataverinsel Proviantschiffe vorausschickte.

Der Umschlag des immensen Proviant– u. sonstigen Nachschubbedarfes für die gesamte Feldzugdauer wäre auch nicht anders sinnvoll und möglich gewesen.

So wurde das Getreide überwiegend in Säcken von etwa vier Midii (etwa 28 kg) umgeschlagen.[79]

Das Be– und Entladen der Schiffe erfolgte ursprünglich durch „saccarii" (Schauerleute). Bei der „Classis Germanica" dürfte diese Arbeit jedoch durch Angehörige des römischen Militärs erfolgt sein. Sie mussten dazu in den Laderaum der Transportschiffe, um mit den Getreidesäcken die Leiter hinaufzusteigen, um sie dann über Laufplanken an Land und von dort in die trockenen Lagerhallen, den horreas, des Depots zu tragen.[80] Da das Militär über genügend Arbeitskräfte verfügte, könnte das Beladen und Löschen eines Lastschiffes mit Getreidesäcken im Gesamtgewicht von mutmaßlich 15 t in wenigen Stunden erledigt werden.[81] Das war die bewährte übliche Form des Getreideumschlags.

Es dürfte deutlich geworden sein, dass das Be– und Entladen und vorübergehende Zwischenlagern im Depot bis zur Beladung der Flussschiffe von tausenden Tonnen an Getreide ein mühsames, personal– und zeitaufwändiges Geschäft war.

Das witterungs–, vor allem feuchtigkeitsempfindliche Getreide musste vorrangig in den trockenen Lagerhallen des Flottenstützpunktes eingelagert werden. Lediglich bei den Flusstransportern, die die erste Nachschublieferung weseraufwärts bringen mussten, dürfte sich das Umschlagen in Bremerhaven erübrigt haben, da sie zeitgleich die Landtruppen in Richtung Minden auf der Weser begleitet haben dürften.

Das Löschen und Einlagern und erneute Beladen der Flussschiffe mit Proviant setzt eine präzise effektive Logistik voraus. Nur bei reibungslosem ständigen kontinuierlichen Eintreffen der Proviantschiffe in Bremerhaven konnte ohne großen Zeitverlust unter Vermeidung langer Liegezeiten der Umschlag solcher Nachschubmengen logistisch bewältigt werden.

Neben dem Getreide musste natürlich auch der übrige Nachschub, sei es in Fässern, Amphoren, Kisten, Säcken oder als sperriges Kriegsgerät rasch be– und entladen werden.

Bei einem Flottenstützpunkt, der gleichzeitig als großer Stapel- und Umschlagplatz und auch als Militärlager diente,

Germanien zur Zeit des Augustus und des Tiberius sowie die Feldzüge des Germanicus 16 n. Chr.

Chauken Stamm der Germanen

■ Röm. Militärstützpunkt (Weiternutzung der Lager a. d. Lippe nach 9 n. Chr. ungewiss)

— Germanicus Flotte 16 n. Chr.

— Germanicus Sommer 16 n. Chr.

— Zug der sechs Legionen Sommer/Herbst 16 n. Chr.

⊠ Schlachtort 16 n. Chr.

⊗ Funde einer Schlacht

Landschaftsbild zur Römerzeit nach O. Schlüter

Vorherrschend Waldland

Vorherrschend Offenland (Wald-Heide-Gebiete, Moore, Marschen)

○ Heutige Stadt bzw. Siedlung (Auswahl)

0 50 100 km

Entwurf: W. Brepohl, K. Temlitz

Kartografie: Geografische Kommission für Westfalen/LWL

Dupondius des Caligula zum Andenken an den Sieg seines Vaters Germanicus über die Germanen und an den Triumphzug im Jahre 17 n.Chr. (Vorder- und Rückseite) (LWL-Römermuseum, Haltern am See)

Porträts von Augustus, Drusus, Tiberius und Germanicus (von links nach rechts, Repliken im LWL-Römermuseum, Haltern am See)

Kaiser Augustus
(geb. 23.9.63. v. Chr. gest. 19.8.14 n. Chr.)

Drusus
(geb. 38 v. Chr. gest. 9. v. Chr)
Statthalter von Gallien und Oberbefehlshaber der 'Rheinarmee'

Kaiser Tiberius
(geb. 42 v. Chr. gest. 36 n. Chr.)

Germanicus
(geb. 15 v. Chr. gest. 19. n. Chr.)
Statthalter in Gallien, Oberbefehlshaber der 'Rheinarmee'

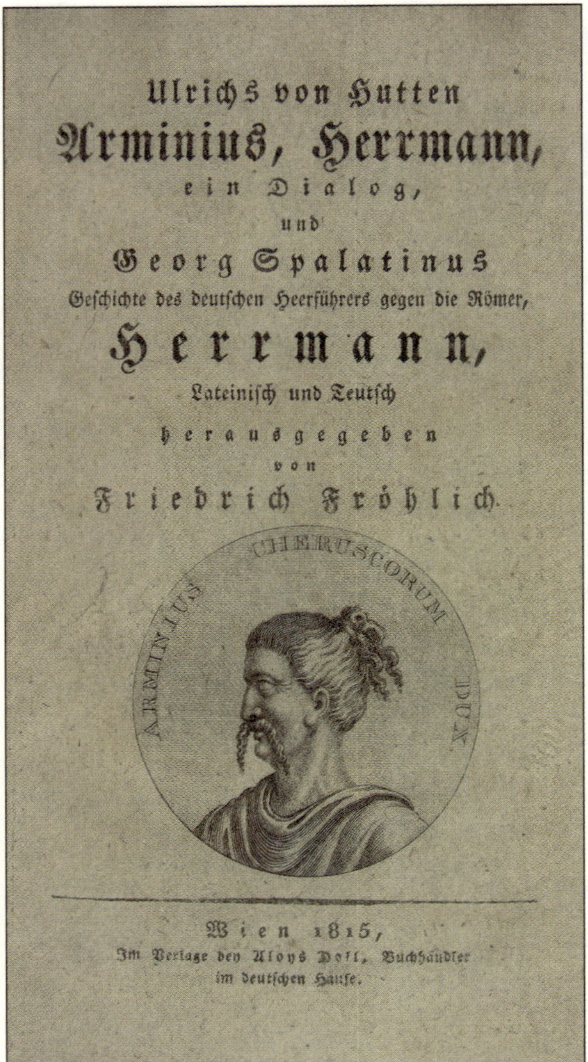

Ulrichs von Hutten

Arminius, Herrmann,

ein Dialog,

und

Georg Spalatinus

Geschichte des deutschen Heerführers gegen die Römer,

Herrmann,

Lateinisch und Teutsch

herausgegeben

von

Friedrich Fröhlich.

Wien 1815,

Im Verlage bey Aloys Doll, Buchhändler

im deutschen Hause.

Ein Beispiel für die Hermann-Literatur des 19. Jahrhunderts (Das von Hutten verfassteWerk erschien erst nach seinem Tod 1529 im Druck)

Legionärshelm aus Eisen mit Nackenschutz und Verzierungen aus Bronze sowie roter Emaille (LWL-Römermuseum, Haltern am See)

Reliefverziertes Bronzeblech von einem prunkvollen Pferdegeschirr aus Haltern (zusammengedrückt) (LWL-Römermuseum, Haltern am See)

Eiserner Kappzaum (Halfterzaum ohne Mundstück) mit bronzeverziertem Nasenband (LWL-Römermuseum, Haltern am See)

Übelabwehrende Amulette aus Bronze mit Silberplattierung vom Pferdegeschirr (LWL-Römermuseum, Haltern am See)

Deckel einer Apothekerbüchse aus Blei mit Inhaltsangabe: EX RADICE BRITANICA (Stadtarchäologie Soest)

Bleibarren aus Sassendorf mit Inschrift (FLAV) (Stadtarchäologie Soest)

Modell eines römerzeitlichen Plattbodenschiffs in Xanten-Wardt (Rheinisches Amt für Bodendenkmalpflege, Außenstelle Xanten)

Modell der Bootshäuser in Haltern (LWL-Römermuseum, Haltern am See)

O.A. Koch, Varusschlacht, Öl auf Leinwand, 1909
(Lippisches Landesmuseum Detmold)

Abb. 2 E. von Bandel, Entwurf zum Hermannsdenkmal (1834)

Abb. 3 E. von Bandel, Entwurf zum Hermannsdenkmal (1838)

E. von Bandel, Entwürfe zum Hermannsdenkmal 1834/1838 (aus: Ein Jahrhundert Hermannsdenkmal 1875-1975, Hg. Günther Engelbert. Detmold 1975, S. 129ff.)

musste auch genügend Platz für die Lagerung von ausreichend geeignetem Holz vorhanden sein, u.a. für Reparatur- und Befestigungsarbeiten, für Baumaßnahmen jeglicher Art und für die Feuerung zum Kochen und Wärmen. Solche Holzlager erwähnt auch Frontin (Strategemata 4, 7, 8) für das Kastell Alisto. Bei Bedarf wird es an einer solchen Versorgungsbasis auch für die erforderliche Versorgung der Last-, Zug-, und Reittiere genügend genühend Heumagazine, die sogen. „fenilia“ gegeben haben.

Der gesamte benötigte und angeforderte Nachschub wird daher laufend von kleinen Schiffskonvois angelandet worden sein, die zwischen den zentralen Nachschublagern am Rhein und Bremerhaven hin und herfuhren.

Längere Liegezeiten vor Reede bis zur Abfertigung mussten auf jeden Fall vermieden werden, da die Fahrzeiten der einzelnen Konvois wegen der sehr weiten Transportstrecken ohnehin sehr beträchtlich gewesen sein dürften. In Bremerhaven wird es während der Großoffensive wohl wie in einem Taubenschlag zugegangen sein.

Ein Großteil der auf tausend Schiffe aufgestockten „Classis Germanica“ dürfte daher für den Transport des Proviant– und sonstigen Nachschubbedarfs für das römische Heer voll in Anspruch genommen worden sein.

Es bedarf daher einer sorgfältigen Prüfung, ob die Anzahl der dann noch verbleibenden Schiffe ausreichte, um als Truppentransporter das gesamte römische Heer mit über 80 000 Mann und mindestens 10 000 Pferden zur Wesermündung zu bringen.

Dabei dürfte es jedoch ausgeschlossen sein, dass die Truppen zeitlich versetzt in längeren Etappen nacheinander in einer Art Pendelverkehr mit den vorhandenen Truppentransportern von der Bataverinsel im Rheindelta zur Wesermündung gebracht wurden.

Es würde viel zu lange dauern, um die letzten Truppeneinheiten nach Bremerhaven zu bringen.

Das wiederum hätte den Plan des Germanicus in Frage gestellt, die Großoffensive möglichst frühzeitig mit geballter militärischer Macht beginnen zu können.

Voraussetzungen für Truppentransporte per Schiff zwischen Rheindelta und Wesermündung

Zur Klärung der Frage, ob das gesamte Heer von der Flotte zur Wesermündung gebracht werden konnte, sind die Kriterien eines solchen Truppentransportes und die Auswirkungen auf die Betroffenen darzustellen.

Nach Tacitus (Ann. II, 6,3) dürfte es unstrittig sein, dass die Abfahrt der Flotte von der Insel der Bataver, der heutigen Betuwe, aus erfolgte. Auf der linken Seite des Rheinarmes Waal, der südlich von der Bataverinsel fließt, lag der große römische Militärstützpunkt Nijmwegen. Dort trafen sich zwei Fernstraßen, nämlich die militärisch wichtige „Rheinuferstraße" und die Straße, die durch das Maastal nach Nordgallien führte und sicherlich für Lieferungen von dort von Bedeutung war.[82] Anschließend fuhr die Flotte durch den sog. Drusus–Kanal (fossa Drusiana) – eine Wasserstraße zwischen Rhein und Zuidersee[83] – in den Lacus Flevo (Ijsselmeer, Zuidersee) ein, der damals einen offenen Zugang zur Nordsee hatte, um zwischen den westfriesischen Inseln Vlieland und Terschelling die Nordsee zu erreichen.[84]

Die Gesamtstrecke für die Fahrt der „Classis Germanica" von der Betuwe bis Bremerhaven dürfte wohl 350 - 400 km lang gewesen sein. Die Anzahl der pro Tag gefahrenen Kilometer hängt natürlich von der Fahrtgeschwindigkeit der „Classis Germanica" ab, wobei immer im Flottenverband langsamer gefahren wird als es bei Einzelfahrten bestimmter

Schiffstypen möglich ist. Hinzu kommt noch, dass die traditionelle Flotte um prahmartige Lastschiffe vergrößert wurde, die nicht sehr schnell waren. Generell war die durchschnittliche Fahrtgeschwindigkeit der römischen Flotte nicht sehr hoch.

Ihre Höchstgeschwindigkeit dürfte für leichte Schiffseinheiten bei ruhigem Wasser 4 - 5 Knoten, also rd. 9 km pro Stunde betragen haben.[85] Bei ungünstigem Wetter, vor allem bei Wind, konnte die Geschwindigkeit nur bei rd. 2 - 2,5 km pro Stunde liegen.[86]

Bei Flusspassagen mit ihren besonderen Bedingungen wie Verengungen, Flusshindernissen und Windungen dürften die Schiffe selbst flussabwärts nicht mit Dauergeschwindigkeit gefahren sein, erst recht nicht, wenn flussaufwärts getreidelt werden musste.

Wenn man für die tägliche Fahrtstrecke eine durchschnittliche Tagesleistung von rd. 50 km annimmt, dann würden die Flotte bzw. jeweilige Schiffskonvois für die Gesamtstrecke eine reine Fahrtzeit von sieben Tagen benötigen. Bei Dunkelheit wurde aus Sicht– und Sicherheitsgründen nicht gefahren,[87] das bedeutet, dass die Schiffe entweder bei Anbruch der Nacht im offenen Wasser vor Anker gingen oder wahrscheinlicher, dass sie am Ufer anlandeten. Ausnahmen gab es lediglich bei Passagen über das offene Mittelmeer,[88] und bei der zweiten Heerfahrt von Caesar nach Britannien (De bello Gallico 5, 8, 25; 5, 23, 6). Sowohl die Hinfahrt als auch die Rückfahrt fanden im Dunkeln statt, wobei jedoch jeweils die anlandende Küste im Hellen erreicht wurde.

Während der gesamten Fahrzeit mussten die Soldaten und Pferde versorgt werden.

Doch bei Truppen– und Pferdetransporten, die über See führten, war an Bord schon kaum ausreichend Platz für Soldaten und Pferde, deshalb konnten auch kaum noch zusätzlich große Proviantmengen und umfangreiche Trinkwasservorräte gleichzeitig mittransportiert werden. Das war stets für alle römischen Flottenführer ein grundsätzliches Problem. Auf das besonders schwierige Problem der Pferdetransporte mit Schiffen ist später noch näher einzugehen.

Die Truppentransporter während der Fahrt durch eigene Versorgungsbegleitschiffe mit ausreichendem Wasser und Proviant zu versorgen war damals technisch, nautisch und logistisch nicht möglich und ist auch nirgends überliefert.

Das allergrößte Problem bei großen Truppen– u. Pferdetransporten, die längere Zeit dauerten, war stets die Bereitstellung von notwendigem Trinkwasser. Um welche Größenordnungen es dabei geht, mag der tägliche Wasserbedarf des Germanicus–Heeres belegen.

Der übliche tägliche Trinkwasserbedarf für Soldaten wird mit je vier und für Pferde mit je dreißig Litern angegeben.[89]

Das würde für das gesamte Heer und die Pferde einen täglichen Trinkwasserbedarf von rd. 620 000 Liter bedeuten, ohne den gleichzeitigen Wasserbedarf für die jeweiligen Schiffsmannschaften.

Bei Seetransporten dürfte diese Wasserration für Mann und Pferd jedoch gesenkt worden sein, doch unabhängig davon bliebe es selbst bei einer z. B. 10 %igen Kürzung der Wasserration bei einem Bedarf von rd. 550 000 Litern. Das Trinkwasser dürfte auf Schiffen wahrscheinlich in Fässern mit unbekanntem Fassungsvermögen mitgeführt worden sein, möglicherweise auch in Tierhautsäcken, wie sie z. T. heute noch in Spanien als kleine Weinbehälter genutzt werden.

In gebräuchlichen Weinamphoren mit einem Fassungsvermögen von 26,2 Litern[90], würden rd. 24 000 Amphoren zur Deckung des täglichen üblichen Trinkwassserbedarfes benötigt werden.

Da die reine Fahrzeit von der Betuwe bis Bremerhaven rd. sieben Tage betragen haben dürfte, davon einige auf der Nordsee in Küstennähe, ist es selbstverständlich, dass allein wegen des großen Trinkwasserbedarfes zwischenzeitliche Anlandungen am

Küstenufer zwingend erforderlich wurden. Hinzu kam noch, dass wegen des beschränkten Raumes und der Brandgefahr an Bord keine warmen Mahlzeiten eingenommen werden konnten.[91] Ebenfalls dürften die hygienischen Verhältnisse an Bord beim Transport vieler Menschen und Pferde schlecht gewesen sein.

Da die „Classis Germanica" die Schiffsroute vom Rhein bis zu den Flotten- und Militärstützpunkten an den Mündungen von Ems und Weser regelmäßig befuhr, ist davon auszugehen, dass die jeweiligen Schiffe nach genau festgelegten Tagesetappen an vorhandenen geeigneten Landungsstellen anlegten, die sicherlich von See aus durch markante Landmarken frühzeitig zu erkennen waren. Dabei wird es sich um möglichst sturmgeschützte Plätze mit genügend Trinkwasser, Proviant, Brennholz und ausreichend Lagerflächen zum Übernachten der jeweils anlandenden militärischen Einheiten gehandelt haben. Weil diese Landungsstellen sich an der Küste der germanischen Bundesgenossen befanden, bestand dort auch keinerlei Bedrohung durch feindliche Germanen.

Doch ein häufiges Anlanden und Ausladen der Mannschaften mit Übernachtung an Land und dortiger Versorgung würde bei 80 000 Mann enorm viel Zeit benötigen, ebenfalls das wieder an Bord gehen vor der Weiterfahrt. Die Soldaten würden kaum Ruhe finden. Die Strapazen, denen das Heer unter solchen Transportbedingungen ausgesetzt wäre, würde auch der Strategie des Germanicus widersprechen, möglichst ausgeruhte Soldaten an die Front schicken zu können.

Dabei ist das um vieles größere Problem der Pferdetransporte noch gar nicht angesprochen.

Der Großteil des Heeres wurde nicht verschifft

Es ist daher nahe liegend und aus militärischem Kalkül folgerichtig, im Folgenden davon auszugehen, dass das römische

Heer von rd. 80 000 Mann mit mindestens 10 000 Pferden nicht in seiner Gesamtheit mit den zur Verfügung stehenden Truppentransportern der „Classis Germanica" von der Betuwe über rd. 350 – 400 km nach Bremerhaven verschifft werden konnte.

Auch durch eine genaue Analyse einer Textstelle bei Tacitus (Ann. II, 7) wird diese hier vertretene These unterstützt.

Bevor sich die „Classis Germanica" zur Abfahrt an der Insel der Bataver sammelte, „führte (Germanicus) sechs Legionen zu dem an der Lippe angelegten Kastell, dass, wie er hörte, belagert würde. Doch die Belagerer entwichen... Doch der erst jüngst für die Legionen des Varus errichtete Grabhügel und den alten, dem Drusus errichteten Altar hatten sie zerstört.

(Germanicus) stellte den Altar wieder her und zu Ehren seines Vaters veranstaltete der Princeps selbst mit seinen Legionen einen feierlichen Umzug; den Grabhügel zu erneuern, schien nicht (angebracht); und alles zwischen dem Kastell Aliso und dem Rhein wurde durch neue Wege und Dämme befestigt."

Es ist schon auffallend, obwohl angeblich das gesamte römische Heer nach Tacitus von der Betuwe aus nach Bremerhaven verschifft werden sollte, marschiert Germanicus noch kurz vor der Abfahrt mit sechs von acht Legionen zur Lippe. Mit diesem enorm großen Truppenaufgebot, immerhin dreiviertel aller Legionen der beiden Rheinarmeen, will er dort lediglich ein von feindlichen Germanen belagertes Lager entsetzen. Für diese Aufgabe hätten auch kleinere, leichte Einheiten des römischen Heeres vollauf genügt.

Dieses Kastell dürfte eine gewisse Strecke vom Rhein entfernt flussaufwärts an der Lippe gelegen haben, da die feindlichen Germanen eine solche militärische Aktion kaum vor den dortigen römischen Rheinlagern gewagt hätten.

Nach Tacitus handelte es sich bei diesem Kastell um

Aliso, das bereits unmittelbar nach der Varuskatastrophe von den feindlichen Germanen belagert wurde (Cassius Dio: 56, 22, 2a u. b als Bericht des Zonaras). Dort wird auch weiterhin berichtet, dass die Belagerten, hauptsächlich Zivilisten, im späten Herbst, nachdem sie dort eine gewisse Zeitdauer der Belagerung standgehalten hatten, wegen Proviantmangel in einer stürmischen kalten Nacht zum Rhein aufbrachen, von wo aus ihnen der Legat Asprenas zur Hilfe entgegenkam. Die Entfernung von Aliso zum Rhein muss für erschöpfte, hungrige Frauen und Kinder zu bewältigen gewesen sein. Das spricht dafür, dass mit Alsio das Hauptlager in Haltern bezeichnet wurde, das zwei Tagesmärsche vom Rhein entfernt lag. Neue Forschungsergebnisse scheinen dies auch eindrucksvoll zu bestätigen.[92]

Dennoch hat die genaue Lokalisierung des Kastells Aliso seit langem die Forschung beschäftigt, wobei auch hier die Interpretierbarkeit des o.g. Tacitus-Berichtes der Anlass zu wissenschaftlichen Kontroversen ist. Bekanntlich berichtet Tacitus dort innerhalb eines Satzes, dass die feindlichen Germanen den erst jüngst für die Legionen des Varus errichteten Grabhügel *und* den alten, dem Drusus errichteten Altar zerstört hätten.

Daraus kann man in der Tat folgern, dass beide Totengedenkstätten nicht weit entfernt auseinander lagen. Das würde dann natürlich bedeuten, dass das Kastell Aliso im obersten oder zumindest im oberen Bereich der Lippe gelegen haben müsste. Auch das Tacitus ebenfalls innerhalb eines Satzes nicht nur auf die feierliche Wiedererrichtung des Drususaltars, sondern gleichzeitig auf die nicht von Germanicus durchgeführte Erneuerung des Grabhügels hinweist, scheint eine gewisse räumliche Nähe beider Örtlichkeiten zu bestätigen.[93]

Doch bei diesen Aussagen des Tacitus müssen seine auch hier stark komprimierten Formulierungen gründlich hinterfragt und analysiert werden. Es dürften psychologische und menschliche Aspekte gewesen sein, die ihm als Chronisten besonders wichtig und daher berichtenswert erschienen, beide Ereignisse in einem Satz zu benennen:

Einerseits geht es ihm allgemein um die gezielte verachtenswerte, unentschuldbare Provokation der feindlichen Germanen gegenüber den Römern, hinter der der listenreiche Stratege Arminius stecken dürfte. Die Schändung der geheiligten und geweihten Totengedenkstätten durch die Germanen, war gezielt darauf gerichtet, die religiösen Werte und Gefühle der Römer zu verletzen und zu verhöhnen.

Andererseits geht es Tacitus im besonderen um den Konflikt des Germanicus, zwischen Sohnespflicht und Staatsraison zu entscheiden. Germanicus sah es als unverzichtbare Sohnespflicht an, die beschmutzte und gedemütigte Ehre seines geliebten Vaters Drusus[94] persönlich an Ort und Stelle wieder herzustellen. Das hatte für ihn Vorrang, obwohl er sich mitten in den letzten wichtigen Vorbereitungen für die entscheidende Großoffensive gegen die verhasste Arminius-Koalition befand, deren militärischer Erfolg mit von einem zügigen Beginn der Offensive abhing.

Indem Germanicus die geheiligte Sohnespflicht über die Staatsraison stellte, konnte Tacitus daran die ethische Überlegenheit der römischen Tugenden und Wertevorstellungen gegenüber der skrupellosen Ehrlosigkeit von Barbaren aufzeigen, die noch nicht einmal davor zurückschrecken würden, die Totenruhe zu missachten.

Daraus konnte ein weiteres Mal das Recht und auch die Verpflichtung der Römer abgeleitet werden, solche Barbarei mit allen Mitteln zu bekämpfen. Der feierliche Umzug der sechs bei Aliso versammelten Legionen zur Weihung des wiedererrichteten Drususaltars als sichtbares kollektives Zeichen dürfte daher von Germanicus auch als emotionales Mittel zur Kriegsvorbereitung seiner Soldaten gedient haben, die römischen Werte gegen jeden Feind offensiv zu verteidigen.

Es stellt sich aber nun die Frage, warum Germanicus nur den Altar für seinen Vater und nicht auch den Tumulus für die abertausenden Gefallenen der Varuskatastrophe wiederherstellen ließ. Schließlich hatten die Manen, die Totengeister der dort bestatteten Soldaten, das gleiche Recht auf die Wiederherstellung ihrer schändlich verletzten Totenruhe. Darüber hinaus durften die Legionen des Germanicus auch nicht das deprimierende Gefühl bekommen, dass er hierbei mit „zweierlei Maß“ messe.

Doch Tacitus lässt diese Frage unbeantwortet, indem er lediglich lapidar erklärt, dass die Erneuerung des Tumulus nicht angebracht sei. Es gilt daher auch hier, diese Äußerungen genau zu hinterfragen.

Der Hauptgrund für dieses Unterlassen dürfte darin liegen, dass der Ort der Varusniederlage am „Teutoburgiensis saltus“ mit dem Grabhügel für die gefallenen Römer mehrere Tagesmärsche vom Lager Aliso in Haltern entfernt lag. Zwar wäre die Wiederherstellung des Tumulus unter militärischen Aspekten bei der Anzahl von Legionen problemlos gewesen, doch hätte das zusätzlich viel Zeit und logistische Kapazität in Anspruch genommen. Das wiederum hätte den bereits hinausgeschobenen Beginn der Großoffensive in militärisch nicht mehr vertretbarer Weise erneut verzögert.

Germanicus hätte als guter Feldherr in diesem emotional und religiös brisanten Bereich die Wiederherstellung des Grabhügels auch nicht an untergeordnete Militärführer delegieren können. Eine solche Aufgabe musste ihm persönlich vorbehalten bleiben.

Ein weiterer sehr wichtiger Grund für das Nichttätigwerden des Germanicus dürfte darin bestanden haben, dass nach einer Wiederherstellung des entfernt gelegenen Grabhügels und dem anschließenden Rückmarsch der Römer mit größter Wahrscheinlichkeit der gerade wiederhergestellte Tumulus gleich wieder zerstört worden wäre; denn dazu würde bereits eine handvoll feindlicher Germanen ausreichen.

Eine erneute Zerstörung des gerade wiederhergestellten Grabhügels würde darüber hinaus von den feindlichen Germanen propagandistisch als erneute römische Schmach ausgeschlachtet werden, dem Ansehen des Germanicus schaden und die Moral der römischen Truppen schwächen.

Für Germanicus wird es daher diesbezüglich nur eine strategische Zielsetzung gegeben haben: Zuerst müsste er das aufrührerische Germanien wieder gewaltsam „befrieden" und die Aufrührer mit Arminius an der Spitze drastisch bestrafen, erst danach könnte er den Grabhügel mit den Gefallenen der Varuskatastrophe mit allen Ehren und Weihen dauerhaft wiederherstellen lassen.

Es wird daher dem Germanicus nicht schwer gefallen sein, dies den römischen Legionen zu verdeutlichen, nach dem Motto: Je eher der Feind besiegt ist, umso eher wird die Ehre und Totenruhe der gefallenen Kameraden wiederhergestellt.

Die Zerstörung des Tumulus und des Drususaltars durch die Germanen war zwar aus römischer Sicht zutiefst verabscheuungswürdig, doch aus Sicht des Arminius, als Gegenspieler des Germanicus, werden sie ein genau kalkuliertes legitimes Mittel der „psychologischen Kriegsführung" gewesen sein, um die gegnerischen Kriegspläne zu behindern oder gar zu verhindern.

Durch Gewährsleute dürfte Arminius bereits frühzeitig über die Planung und den vorgesehenen Beginn der römischen Großoffensive und der besonderen Rolle der „Classis Germanica" informiert gewesen sein. Sein erstes Ziel war es daher, den Beginn dieser Offensive mit allen ihm zur Verfügung stehenden Mitteln erheblich zu verzögern. Sollten sich nämlich die bevorstehenden Kämpfe mit den Römern bis in den Herbst hinziehen, wäre dies für die Arminius-Koalition von großem Vorteil. Das häufig regnerische und stürmische Herbstwetter käme den einheimischen wetterabgehärteten, leicht bewaffneten germanischen Stammeskriegern entgegen, im Gegensatz zu den schwerbewaffneten, meist aus südlichen, wärmeren Ländern stammenden römischen Legionären. Das hatte sich bereits im Verlauf der Varuskatastrophe erwiesen.

Auf diese, die Römer tiefkränkende Kriegslist zu verfallen, die gezielte Zerstörung der römischen Totengedenkstätten als Mittel der militärischen Auseinandersetzung einzusetzen, konnte nur ein strategisch und taktisch hochbegabter Mann wie Arminius kommen. Seit seiner Kindheit mit den römischen Denk- und Handlungsweisen, auch in Bezug auf religiöses Empfinden, eng vertraut, setzte er dieses Wissen, diese Erfahrungen äußerst geschickt, erfolgreich und skrupellos beim Kampf gegen die römische Besatzung ein. Der Erfolg sollte ihm auch recht geben, denn es war ihm gelungen, den Germanicus unmittelbar vor der Abfahrt mit seiner Flotte zeitaufwändig an die Lippe zu locken, weil er die Reaktion des Germanicus auf die Zerstörung des Drususaltars hin richtig eingeschätzt hatte.

Danach musste der dann unverzüglich zum Sammelplatz der Flotte eilen, um dort endlich auf der Trireme des Oberbefehlshabers mit der „Classis Germanica“ und seinen ihn begleitenden Truppen die durch ihn verzögerte Seereise zur Wesermündung anzutreten.

Auf seinem Rückmarsch von der Lippe werden Germanicus lediglich seine beiden zum persönlichen Schutz abgestellten Praetorianer–Kohorten begleitet haben.

Doch auch unabhängig von dem genannten möglichen Schachzug des Arminius dürften Germanicus, sein Generalstab und der Flottenadmiral bereits von Anfang an geplant haben, diese an der Lippe stehenden sechs Legionen von dort aus auf dem Landweg an die Weser im Raum Minden zu schicken.

Von ihrem Aufenthalt an der Lippe aus, dürfte es für die Legionen zur Weser näher gewesen sein als zum Rheindelta, zum Sammelpunkt der „Classis Germanica“. Das macht auch ein Blick auf die Landkarte (Tafel 1, S. 65) deutlich. Jede andere Entscheidung wäre auch mit der eigenen Vorgabe des Germanicus nicht zu vereinbaren gewesen, den Bodentruppen möglichst lange Fußmärsche zu ersparen. Ansonsten hätten diese sechs Legionen, nur wenige Marschtage von Minden entfernt, zur Betuwe marschieren müssen, um nach einer langen, sehr strapaziösen Seefahrt von Bremerhaven aus weseraufwärts nach Minden zu kommen.

Da diese Überlegungen sicherlich auch vom nüchtern militärisch denkenden Germanicus und seinem Generalstab angestellt worden sind, werden diese sechs Legionen nicht mit der „Classis Germanica“ zur Wesermündung gebracht worden sein.

Um nicht viel zu früh vor Germanicus und seinen ihn begleitenden Truppen am geplanten Heeressammelplatz bei Minden einzutreffen,[95] werden nach Tacitus die sechs Legionen bis zum abgestimmten Abmarsch die Zeit dahingehend genutzt haben, um auf Weisung des Germanicus „alles zwischen dem Kastell Aliso und dem Rhein durch neue Wege und Dämme“ zu befestigen. Man darf jedoch keine zu hohen Erwartungen an die Qualität solcher Wege stellen, denn die bislang an der Lippe ausgegrabenen römischen Straßenbefunde sind am ehesten als Pisten zu bezeichnen. Dabei dürfte es sich wohl um einen römischen Straßentyp der „via terrena“ mit einer Oberfläche aus gestampfter Erde gehandelt haben.[96]

Mit diesem aufwändigen pioniertechnischen Vorhaben sollte wohl nicht nur eine bessere Verkehrsverbindung zwischen Aliso und dem Rhein geschaffen werden, sondern darüber hinaus auch die ehemalige Militärstraße entlang der Lippe soweit zeitlich möglich wiederhergestellt werden. Möglicherweise werden auch auf der Lippe Schifffahrtshindernisse, die seit der Varusniederlage nicht mehr entfernt wurden, beseitigt worden sein, um auf ihr möglichst weit Lastschiffe treideln zu können. Dies dürfte ein Beleg dafür sein, dass Germanicus nach dem fest eingeplanten Sieg über die Arminius–Koalition diesem alten römischen Einfallsweg ins Innere Germaniens eine herausragende strategische Bedeutung zuerkannte.

Nach Abschluss dieser Verkehrsinfrastrukturarbeiten werden die sechs Legionen zügig weitgehend unbelastet durch übergroße Versorgungskolonnen zur Weser marschiert sein, da ihr künftig notwendiger Nachschub durch Flusstransporter von Bremerhaven aus dorthin geschafft werden würde. Nach ihrer Ankunft in Minden dürften die Legionen noch vor dem Eintreffen des Germanicus die entsprechenden Lager für sich, den Germanicus und das Nachschublager errichtet haben.

Diese hier vertretene These, dass sechs Legionen von der Lippe aus nach Minden marschierten, findet in einer späteren Textstelle bei Tacitus (Ann. II, 23,1) mittelbar eine nachträgliche Bestätigung, denn nach der Schlacht am sog. Angrivarier–Wall an der Weser „schickte man einige Legionen auf dem Landweg in die Winterlager zurück."

Es dürfte naheliegend sein, dass es sich bei diesen auf dem Landweg zurückgeschickten Legionen um die sechs Legionen handelte, die bereits zu Beginn der Großoffensive gegen Arminius auf dem Landweg von der Lippe zur Weser marschiert waren.

Mit genügend Proviant für den Rückmarsch versehen, werden sie ja bereits nach wenigen Marschtagen das Kastell an der Lippe erreicht haben, wo sie wiederum versorgt werden konnten. Für die Rückführung dieser sechs Legionen auf dem Seeweg hätte die „Classis Germanica" auch nicht die dafür erforderliche Kapazität an Truppentransportern gehabt.

Es mag widersprüchlich erscheinen, dass Tacitus einerseits davon spricht, dass Germanicus nach der Anlandung in der Wesermündung das Heer übersetzen ließ, er andererseits aber mittelbar selbst den Hinweis darauf gibt, dass nur ein kleiner Teil des Gesamtheeres mit Germanicus per Schiff zur Weser gebracht wurde.

Möglicherweise kann hier eine genaue Prüfung der üblichen deutschen Übersetzungen dieser Textpassagen eine Klärung herbeiführen.

Vor der Abfahrt der Flotte von der Betuwe aus, berichtet Tacitus (Ann. II, 8,1), dass Germanicus „die Schiffe auf Legionen und Bundesgenossen verteilt habe“. Das ist jedoch kein eindeutiger Beweis dafür, dass er alle Legionen und Bundesgenossen verschiffen ließ.

Der in militärischen Angelegenheiten üblicherweise genaue Tacitus erwähnt hier nicht die römischen Hilfstruppen im Gegensatz zur Schlacht bei Idistaviso, wo er (Ann. II, 16,3) ausdrücklich die gallischen und germanischen Hilfstruppen neben den Kohorten der Bundesgenossen erwähnt. Die Hilfstruppen dürften demnach nicht mit verschifft worden sein.

Nach der Landung in der Wesermündung wird in deutscher Übertragung vom Übersetzen des „Heeres“ gesprochen, doch im lateinischen Original steht „transposuit militem“, was wörtlich übersetzt bedeutet: „er ließ die Soldaten („militem“ steht hier für den Plural „milites“) übersetzen.“ Es steht dort also nicht „transposuit exercitum“, denn „exercitus“ bedeutet „das Heer“. Im Gegensatz hierzu spricht Tacitus nämlich zu Beginn der Schlacht bei Idistaviso, wo die gesamte römische Streitmacht antrat, von „noster exercitus“, also von „unserem Heer“.

Indem Tacitus den Germanicus nach der Landung an der Weser dort „Soldaten“ übersetzen lässt, bedeutet das für ihn, dass nicht das gesamte römische Heer dort versammelt war.

Damit dürfte die o. g. These vom Landmarsch der sechs Legionen auch vom Originaltext des Tacitus mitgetragen werden.

Es ist auch nicht weiter verwunderlich, dass Tacitus diesen Marsch der sechs Legionen von der Lippe zur Weser nicht näher erwähnt, da bei der üblichen Berichterstattung der antiken Schriftsteller über militärisch herausgehobene Einsätze überwiegend die engsten Angehörigen des Kaiserhauses im Fokus ihrer Darstellung stehen. Parallel ablaufende Ereignisse werden daher oft gar nicht oder lediglich am Rande erwähnt.

Das kann dann nur zu schnell dazu führen, dass die Berichterstattung nicht mehr gleichrangig sondern kopflastig wird, mit Auswirkungen auf entsprechende Übersetzungen.

Es ist daher nicht verwunderlich, wenn später das den Germanicus begleitende Truppenkontingent für die gesamte römische Streitmacht gehalten wird.

Kam Germanicus mit den übrigen Truppen per Schiff zur Wesermündung?

Es wurde bereits ausführlich dargelegt, wie zeit- und arbeitsaufwändig es war, Abertausende von Soldaten auf Truppentransportern der „Classis Germanica" auf einer mindestens siebentägigen Schiffsreise von der Betuwe im Rheindelta nach Bremerhaven zur Wesermündung zu verschiffen.

Neben hygienischen Anforderungen wurde vor allem auf das Problem der ausreichenden Versorgung mit Trinkwasser und Proviant hingewiesen, bei gleichzeitiger räumlicher Enge an Bord.

Daher ist nun zu fragen, ob Germanicus mit den übrigen Truppen des römischen Heeres, die nicht von der Lippe zur Weser marschierten, per Schiff zur Wesermündung kam, oder ob es daneben noch andere Transportmöglichkeiten gab.

Um sich einen Überblick über die Größenordnung dieser betreffenden Truppen zu verschaffen, dürfte es hilfsreich sein, sich noch einmal die Gesamtstärke und Gliederung des römischen

Heeres vor dem Beginn der Schlacht bei Idistaviso vor Augen zu führen, wie sie uns Tacitus (Ann. II, 16,3) überliefert hat.

„Unser Heer marschierte folgendermaßen auf, vorn die gallischen und germanischen Hilfstruppen, dahinter die Bogenschützen zu Fuß; dann vier Legionen und Caesar (Germanicus) mit zwei Prätorianer–Kohorten und einer Reiterelite; dann die anderen, ebenfalls vier Legionen und die Leichtbewaffneten mit den berittenen Bogenschützen sowie die restlichen Kohorten der Bundesgenossen."

Diese Aufstellung belegt nicht nur die Stärke des versammelten römischen Heeres, sondern auch die militärischen Maßnahmen zum Schutz des Germanicus nicht nur als Feldherrn, sondern auch als Adoptivsohn des Kaisers Tiberius. Sowohl von vorn, als auch von hinten durch je vier Legionen gesichert, wurde Germanicus noch zusätzlich durch zwei Prätorianer-Kohorten und eine „Reiterelite" geschützt.

Bei den beiden Praetorianer–Kohorten handelte es sich um die persönliche Schutztruppe für Germanicus, die ihm Tiberius als Princeps zur Verfügung stellte. Als kaiserliche Garde hatte Augustus neun „Cohortes praetoriae" aufstellen lassen, die zunächst in und um Rom herum stationiert waren. Jeder Kohorte, die von einem Tribunen befehligt wurde, gehörten 500 Praetorianer an, die ausschließlich zu den Elitesoldaten zählten. Sie hatten eine bevorzugte Stellung im Militär und erhielten einen hohen Sold. Neben den Prätorianer-Kohorten stand dem Kaiser ein besonderes qualifiziertes Korps berittener „speculatores" zur Verfügung,[97] die ihm neben seinem persönlichen Schutz auch als Kuriere dienten. Es ist dem Tacitus-Text folgend davon auszugehen, dass Tiberius dem Germanicus neben den beiden Prätorianer-Kohorten auch eine entsprechende Anzahl seiner berittenen Elitereiter zur Verfügung stellte.

Aufgrund ihres speziellen Auftrages, den persönlichen Schutz des Germanicus zu gewährleisten, dürfte es unstrittig sein, dass die beiden Praetorianer–Kohorten und die „Reiterelite“ den Germanicus auf dem Seeweg in Marinetransportern der Flotte begleitet haben.

Die sechs Legionen, die von der Lippe zur Weser kamen, werden von ihrer jeweiligen 120 köpfigen Legionsreiterei begleitet worden sein, neben den ihnen zugeordneten berittenen Einheiten der Hilfstruppen.

Von den restlichen Truppen dürften mit Sicherheit die Fußtruppen, also die zwei übrigen Legionen, die Bogenschützen zu Fuß und die nicht berittenen Kohorten der Bundesgenossen mit Germanicus, seinem Stab und seiner sonstigen Begleitung per Schiff zur Wesermündung gefahren sein. Die Reitpferde des Germanicus, seines Stabes und der Mitarbeiter dürften ebenfalls auf dem Seeweg transportiert worden sein.

Warum sollen die übrigen berittenen Einheiten per Schiff zur Weser fahren?

Es dürfte jedoch fraglich sein, ob die übrigen berittenen Einheiten auf dem Seeweg zur Weser gelangten. Das würde die restlichen gallischen und germanischen Hilfstruppen, die Legionsreiterei der beiden Legionen und die berittenen Bundesgenossen betreffen.

Da Pferdetransporte zu Schiff stets problematisch und riskant waren, wurden sie vor allem nur dann durchgeführt, wenn dies die einzige Möglichkeit ihres Transportes war, z. B. zum Erreichen von entfernten Küsten. Als gelungenes Beispiel für den Schiffstransport vieler Pferde wird daher die zweite römische Invasion Britanniens im Jahre 54 v. Chr. durch Caesar (De bello Gallico,5,8) angeführt[98], wo neben fünf Legionen auch zweitausend Reiter mit ihren Pferden von Portus Itius (Boulogne sur Meer)[99] über den Ärmelkanal zum flachen Ufer der Ostküste von Kent nördlich von Dover übergesetzt wurden.[100] Doch dabei muss berücksichtigt werden, dass es sich bei dieser Kanalüberquerung zwar um eine anstrengende, aber eben doch nur um eine eintägige Schiffsreise handelte.

Trinkwasser musste daher nur in geringem Umfang mit an Bord genommen werden, da Legionäre, Schiffsmannschaften und Pferde nur relativ kurz auf den Schiffen blieben.

Vor Ablegen der Flotte werden die Pferde noch hinreichend getränkt worden sein.

Diese Kanalüberquerung ist also nicht annähernd mit der insgesamt siebentätigen Seefahrt des Germanicus vom Rhein zur Weser zu vergleichen. Es gab ja auch für Caesar keine andere Möglichkeit, als die Pferde per Schiff nach Britannien bringen zu lassen.

Sogar noch in der Neuzeit scheute man beim Militär das Risiko großer Pferdetransporte zu Schiff. So wurde noch kurz vor dem Ersten Weltkrieg den deutschen Truppen vorgeschrieben: „Das Übersetzen von Pferden auf einer Fähre soll nur ganz ausnahmsweise erfolgen.“ [101]

Für das Übersetzen von Pferden gab es dann folgende Anweisung: „Pferde sind auf Fähren stets mit dem Kopf nach Oberstrom zu stellen, um sie nicht scheu zu machen sind alle hastigen Bewegungen zu vermeiden. Unruhige Pferde kommen in die Mitte oder werden zunächst zurückgelassen. Es empfiehlt sich, das Geländer mit Stroh oder Strauch zu umwinden.“[102]

Mit den Pferden, als ursprüngliche Herdentiere freier Steppen mit ausgeprägtem Fluchtinstinkt versehen, musste auch zu Zeiten des Germanicus besonders bei Seetransporten sorgsam umgegangen werden.

Über Holzrampen mussten sie auf die römischen Marinetransporter geschafft werden, um dort bei sehr geringer Bewegungsfreiheit fest angeleint zu werden. Bei schwankenden Schiffen dürfte das nicht einfach gewesen sein.

Dem Germanicus und seiner Admiralität standen für den notwendigen Pferdetransport die „actuariae“, möglicherweise auch dafür umgebaute Flussprahme zur Verfügung.

Von Tacitus (Ann. II, 6,2) wissen wir bekanntlich, dass viele Schiffe für die „Classis Germanica“ spezielle Verdecke erhielten, um Wurfgeschütze zu befördern, die aber gleichzeitig auch geeignet waren, Pferde und Proviant zu tragen.[103]

Unter Berücksichtigung der damaligen geringeren Pferdegröße wird davon ausgegangen, dass auf römischen Schiffen ein Pferd für sich eine Mindestbreite von 0,75 m zur Verfügung haben musste.[104] Für die „actuariae“, die als Marinetransporter auch zum Pferdetransport eingesetzt wurden, wird wie bereits erwähnt eine Gesamtlänge von 21 m bei einer Breite von 6,5 m angenommen.

Bereits aus diesen Schiffsabmessungen wird deutlich, dass die Ladekapazität eines einzelnen Schiffes für den Transport von Reitern und ihren Pferden sehr begrenzt war, denn zur Beruhigung und Versorgung der Pferde mussten ihre Reiter bzw. Reitknechte bei ihnen mit an Bord sein.

Außerdem musste genügend Trinkwasser und Futter mitgeführt werden. Selbst wenn die übliche tägliche Wasserration für Mensch und Pferd (4 bzw. 30 Liter) während der Fahrt herabgesetzt worden sein dürfte, so wird es dennoch auf Grund des Platzmangels an Bord schwierig gewesen sein, für die Fahrt auf See das notwendige Minimum an Wasser für Pferde, Reiter und Besatzung mitzunehmen.

Während der Schiffspassagen auf Flüssen und Süßwasserseen konnte bei jedem Anlegen oder vor Ankergehen genügend Trinkwasser, wenn auch aufwändig an Bord geholt werden, da bei Dunkelheit nicht gefahren wurde. Ob bei abendlichem Anlanden jedes Mal die Pferde von Bord gebracht wurden, um sie vor der Weiterfahrt am nächsten Morgen wieder mühsam und zeitaufwändig an Bord zurückzubringen, dürfte bei übergroßer Anzahl von Pferden fraglich sein. Doch zu langes Stehen der Pferde an Bord, ohne Bewegungsmöglichkeiten an Land, war stets mit großen gesundheitlichen Risiken für die Pferde verbunden.

So konnten sie bei Seegang ausrutschen und sich auf urinierten nassen Planken verletzen. Doch die größte Gefahr ging von möglichen Gärkoliken durch mangelnde Bewegungsmöglichkeit und einseitige Fütterung aus. Da die zellulosereiche Nahrung der Pferde in ihrem riesigen Blinddarm durch symbiotische Bakterien und Wimpertierchen verdaut wird, müssen die Pferde ausreichend bewegt werden, um die gefürchteten und bedrohlichen Gärkoliken zu vermeiden.[105]

All diese Probleme beim Schiffstransport von tausenden von Reit–, Zug– und Tragtieren über längere Passagen waren Germanicus, seinem Generalstab und der Admiralität natürlich bekannt und bewusst.

Aber anders als bei der Invasionsarmee, die mit Caesar 54 v. Chr. nach Britannien übersetzte, gab es für Germanicus die problemlose Alternative, die berittenen Verbände seines Heeres auf dem Landweg zur Weser kommen zu lassen. Dies war deshalb problemlos und militärisch völlig ungefährlich, da dieser Weg ausschließlich durch die Stammesgebiete der mit den Römern verbündeten Bataver, Friesen und Chauken führte, und wo die Versorgung der Pferde gewährleistet war. Die Reitereinheiten der Chauken dürften eh erst an der Weser zu den übrigen Truppen des Germanicus gestoßen sein.

Bereits 15 n. Chr. wurde die Reiterei problemlos durch das Gebiet der Friesen zum damaligen Sammelpunkt des römischen Heeres an der Ems geführt (Tacitus Ann. I, 60,2).

Es ist daher im Folgenden davon auszugehen, dass mit Germanicus und seinen Fußtruppen nur seine Reitpferde, die seines Stabes und der ihn sonst begleitenden Personen sowie die Kavallerieabteilung seiner Praetorianer–Kohorten auf dem Seeweg zur Wesermündung nach Bremerhaven gebracht wurden.

Das Trinkwasserproblem während der Schiffsreise war für diese überschaubare Anzahl von Pferden lösbar und auch das zwischenzeitliche „an Land gehen“ konnte geordnet durchgeführt werden.

Die übrigen berittenen Einheiten, die später mit Germanicus weseraufwärts nach Minden zum vereinbarten Sammelplatz des Gesamtheeres zogen, werden auf dem Landweg zur Weser gekommen sein. Es ist jedoch fraglich, ob alle berittenen Einheiten nach Erreichen der Weser auch zum römischen Flottenstützpunkt Bremerhaven gekommen sind, um sich dort den angelandeten Fußtruppen für den Marsch stromaufwärts anzuschließen.

Um nach Bremerhaven zu kommen, mussten die Reitereinheiten entweder die erste Weserfurt in Bremen benutzen, oder sie mussten in Höhe von Bremerhaven die dort schon breite Schlauchmündung der Weser mit ihren Gezeitenströmungen per Schiffsfähre überqueren.

Aus militärischer Sicht war es nicht erforderlich, dass alle berittenen Einheiten nach Bremerhaven kommen mussten, da beiderseits der Unterweser die befreundeten Chauken saßen. Da Germanicus mit seinen Truppen auf dem Weg nach Minden ohnehin in Bremen die Weser überqueren musste, spricht vieles dafür, dass zumindest die gallischen und germanischen Hilfstruppen in Bremen auf Germanicus warten sollten. Bei den Marschvorbereitungen der Fußtruppen wären sie auch in Bremerhaven eher hinderlich gewesen. Gleichzeitig konnten sie mit römischer Unterstützung bis zur Ankunft des Germanicus in Bremen schon die benötigten Marschlager errichten und bei der späteren Furtüberquerung behilflich sein. Dafür, dass die berittenen Hilfstruppen in Bremen auf die Ankunft der römischen Truppen warteten, könnte auch eine sonst schwer verständliche Tacitus–Stelle (Ann. II, 8,3) sprechen: „Die Nachhut der Hilfstruppen und darunter die Bataver verloren die Fassung, als sie ins Wasser sprangen und ihre Schwimmkünste vorführten, einige ertranken.“

Bei einer streng militärisch geordneten Flussüberquerung der römischen Truppen unter den Augen des Oberbefehlshabers Germanicus und seines Generalstabes werden kaum einige Krieger der Hilfstruppen plötzlich mitten beim Überqueren der Weser disziplinlos die eigenen Reihen verlassen haben, um in tiefes Wasser der Weser zu springen, um dort ihre Schwimmkünste vorzuführen.

Dies könnte vielmehr dafür sprechen, dass einige Krieger der Hilfstruppen, die sich dort schon eine Zeitlang aufhielten, aus Langeweile und Übermut den übrigen Soldaten einen sportlichen Schwimmwettbewerb darboten. Doch dabei bemerkten sie zu spät den zwischenzeitlichen Gezeitenwechsel, so dass bei steigender Flut aus den harmlosen Vorführungen ihrer Schwimmkünste plötzlich tödlicher Ernst wurde.

Während die gallischen und germanischen Hilfstruppen in Bremen auf Germanicus gewartet haben dürften, werden dagegen die Legionsreiter zu ihren beiden Legionen nach Bremerhaven gekommen sein. Bekanntlich gehörten zu jeder Legion 120 Legionsreiter, die in vier „turmae" zu je dreißig Reitern aufgeteilt waren, um hauptsächlich Melde– und Aufklärungsdienste zu leisten.[106]

Unabhängig von einer militärischen Bedrohung dürfte Germanicus als erfahrener Feldherr darauf bestanden haben, dass die Legionen bereits beim Abmarsch von Bremerhaven nach Bremen zur Weserfurt in der gewohnten Marschformation „agmen impeditum" marschieren, also unter Einbeziehung der Legionsreiterei.[107]

Dies bestätigt auch Tacitus (Ann. II, 8,3), wonach bei der Weserfurt die Reiterei und die Legionen unverzagt die ersten Watten überschritten, als die Flut noch nicht eingesetzt hatte.

Die Römer werden sich mit den dortigen Gezeitenwechseln sehr gut ausgekannt haben, da sie ja bereits über lange Jahre an der Wesermündung einen Flottenstützpunkt unterhielten.

Die Legionsreiterei könnte auf zwei Wegen nach Bremerhaven gekommen sein, entweder auf dem Landweg über Bremen oder per Schiffsfähren über die breite Wesermündung in Höhe von Bremerhaven.

Beides wäre denkbar, obwohl das kurze Übersetzen in Form eines Fährbetriebes wohl schneller gewesen wäre.

Nach Entladen der Truppen, Pferde und des Nachschubes könnten vor allem die prahmartig flachgehenden, kastenförmigen und plattbodigen Lastschiffe die knapp 250 Legionsreiter mit ihren Pferden wie in einem Fährbetrieb vom westlichen auf die östliche Weser übergesetzt haben. Dies dürfte auch der neuen militärischen Strategie des Germanicus für die geplante Großoffensive entsprechen, durch spezielle Transportschiffe „Reiterei und Pferde unversehrt über die Flussmündungen und Flussläufe“ zu bringen (Tacitus, Ann. II, 5,4).

Dass solche Lastschiffe in der Bauart von Prahmen kaiserzeitlich im Pendelverkehr das Übersetzen von Truppen und Pferden übernahmen, scheint eines der Wrackfunde in Zwammerdam (Niederlande) aufgrund seiner spezifischen Umrüstung zu bestätigen.[108]

Nachdem die römischen Truppen des Germanicus in Bremen die Weser überquert hatten, werden sie von dort mit allen berittenen Einheiten auf dem alten Heer– und Handelsweg auf der westlichen, linken Weserseite über Hoya, Stolzenau nach Minden marschiert sein. Wobei Versorgungsschiffe sie zeitgleich auf der Weser begleitet haben dürften. In Minden wird sich dann das gesamte römische Heer versammelt und in etlichen Einzellagern vorübergehend Quartier bezogen haben.

Bei einer geschätzten Mindestzahl von insgesamt 80 000 Mann und Abertausenden von Reit–, Zug– und Tragtieren dürfte es selbstverständlich sein, dass diese Mengen nicht in einem einzigen Lager untergebracht sein konnten. Die Versorgung mit Proviant und Trinkwasser, die entsprechende benötigte Anzahl von Latrinen zur Seuchenvermeidung, die Bewahrung der soldatischen Disziplin und die schnelle Einsatzfähigkeit der Soldaten war in militärisch erforderlichem Rahmen nur in räumlich dezentralen Einzellagern möglich, die um das Hauptquartier des Germanicus angelegt worden sein dürften.

Der Lagerplatz Minden als Ausgangspunkt für den Feldzug des gesamten römischen Heeres war, wie bereits erwähnt, sehr gut gewählt, weil sich an den dortigen Weserfurten wichtige Verkehrswege kreuzten. Nach dem als Selbstverständlichkeit angesehenen Sieg über Arminius wäre Minden danach sicherlich zu einem wichtigen römischen Militärstützpunkt ausgebaut worden.

C. Die Schlachten bei Idistaviso und am Angrivarier-Wall

Die Schlacht bei Idistaviso

Die Vorbereitung der Schlacht und der anschließende Kampf mit Arminius bei Idistaviso auf der östlichen Weserseite wird von Tacitus (Ann. II, 9 - 18) ausführlich geschildert.

In krassem Widerspruch zu seiner ansonsten knappen, oft zu knappen Darstellung von anderen militärischen Ereignissen entwirft Tacitus hier oft in epischer Breite zum Teil dramaturgisch konstruierte überzogene Szenen. Mit eindrucksvoll rhetorisch geschickt aufgebauten Metaphern und Bildern will er dem Leser im späteren Rom Situationen und Hintergründe dieser knapp drei Generationen vorher von Germanicus geschlagenen Schlacht verständlich machen.[109]

Er will gleichsam psychologisch die Handlungsweisen dieser so gegensätzlichen militärischen Kontrahenten Germanicus und Arminius aufzeigen. Als geradezu klassisches Beispiel hierfür mag die eines großen Dramas würdige berühmte Szene genannt werden, wo sich Arminius als Vertreter der sog. „Traditionalisten“ mit seinem Bruder, dem römischen Offizier Flavus, als Vertreter der sog. römerfreundlichen „Neuerer“ ein ideologisches Streitgespräch über die Weser hinweg lieferte (Tacitus: Ann. II, 9,10).

Damit will Tacitus in dieser Personalisierung das Dilemma und die inneren Spannungen innerhalb der germanischen Stämme im richtigen Umgang mit dem mächtigen römischen Weltreich aufzeigen.[110]

Ebenfalls entspricht die Szene, wo Germanicus, die Schultern mit einem Tierfell verhüllt, in der Tracht germanischer Hilfsstruppen heimlich die Stimmungslage der einfachen „Landser“ vor der Schlacht erkundet, einem bekannten rhetorischen Topos, der nichts mit der konkreten historischen

Realität zu tun gehabt haben dürfte. Doch es entspricht der historischen Realität und der menschlichen Natur, dass jeweils unmittelbar vor geplanten, erwarteten Schlachten im gesamten Heer eine verständliche angespannte Nervosität und innere Unruhe geherrscht haben wird. Für jede Heeresführung war es daher besonders wichtig, die Soldaten militärisch und emotional geschickt auf die kommende Schlacht vorzubereiten, da dies einen erheblichen Einfluss auf den späteren Ausgang der Schlacht haben konnte.

Es ist daher durchaus glaubwürdig, dass sich Germanicus persönlich in den späteren Abendstunden vor der Schlacht von der Moral seiner Legionäre überzeugen wollte, bestimmt nicht im „Kostüm“ germanischer Hilfstruppen, die mit Sicherheit außerhalb der Legionslager eigene Lager bezogen hatten. Auch Germanicus wusste, wie wichtig eine hohe Moral und entsprechende Siegessicherheit für den kommenden Schlachtverlauf waren. Um den Glauben an den Sieg noch zusätzlich zu verstärken, nutzten die Feldherren dazu eine Rede vor dem versammelten Heer unmittelbar vor dem Schlachtbeginn. Eine solche Rede musste psychologisch und rhetorisch die Soldaten mitreißen. Besonders wichtig war es, nicht nur die Ehre, die Treue und den Siegeswillen der Soldaten hervorzuheben und den Gegner moralisch zu diffamieren und militärisch herabzusetzen, sondern auch auf günstige göttliche Vorzeichen hinsichtlich des Schlachtenausganges hinzuweisen. Onasander erwartete deshalb in seinem wohl im 1. Jahrhundert n. Chr. verfassten Lehrbuch: „Über die Feldherrenkunst“ von jedem Feldherrn, vor jeder Schlacht die Vorzeichen zu befragen.[111]

Das tat auch Germanicus vor der Schlacht bei Idistaviso, indem er sich durch Auspizien, also durch die fachkundige Beobachtung von bestimmten Vögeln, vor allem hinsichtlich ihres Fluges, einen siegreichen Verlauf der Schlacht vorhersagen ließ. Weil ihm aber das allein wohl noch nicht ausreichte, berichtete Germanicus vor der einberufenen Heeresversammlung von einem weiteren guten und ganz bedeutsamen Omen für die kommende Schlacht: In einem wunderbaren Traum in der letzten Nacht habe er von seiner Großmutter Livia, der Ehefrau des vergöttlichten Augustus, ein schönes, neues Opfergewand erhalten, weil sein eigenes beim Opfern mit geweihtem Blut bespritzt worden sei. Anschließend bemerkt Tacitus (Ann. II, 15, 1) lapidar: „Die Rede des Feldherrn wurde von den Soldaten mit Begeisterung aufgenommen und man gab das Zeichen zur Schlacht.“ Auch die dramaturgisch geschickte literarische Nachbereitung der Idistaviso–Schlacht benutzt Tacitus als bewusst überhöhte Verherrlichung der römischen Feldherrnkunst des Germanicus. Er will damit beim Leser erreichen, dass die vom politischen Ergebnis her letztendlich gescheiterte Großoffensive nicht dem römischen Heer und damit dem Germanicus als seinem Oberbefehlshaber anzulasten sei, dem die Rückgewinnung der im Jahre 9 n. Chr. verlorenen germanischen Gebiete nicht gelungen war.

Als ehemaligem ranghohen römischen Offizier war es Tacitus natürlich bei seiner Schlachten–Schilderung z. B. sehr bewusst, dass man nicht bis in die Nacht nach der Schlacht auf unbekanntem waldigen Gebiet nach Belieben feindliche Germanen niedermetzeln kann (Ann. II, 18,1), zumal die sich dort hervorragend ausgekannt haben dürften.

Auch eine kleine Szene am Rande ist für den patriotisch gestimmten Leser in Rom zwar spannend zu lesen gewesen, doch widerspricht sie jeglicher militärischer Erfahrung und der Korrektheit eines Berichterstatters. So sollen nach Tacitus (Ann. II, 17,6) feindliche Germanen, die sich auf der Flucht vor den Römern in Baumspitzen versteckten, durch Fällen dieser Bäume zu Boden gestürzt sein. Jeder der weiß, wie langwierig und aufwändig das Fällen großer saftfrischer Bäume mit Axt und Handsäge ist, kann sofort nachvollziehen, dass die kämpfenden römischen Soldaten auf dem Schlachtfeld mit anderen Waffen gekämpft haben, als mit Axt und Säge. Die Bäume konnten auch nicht so nebenbei gefällt werden, da es sich bei ihnen um dickstämmige hohe Exemplare gehandelt haben dürfte. Tacitus (Ann. II, 16,1) selbst beschreibt nämlich vorher den Wald bei Idistaviso als „Wald, der in der Höhe Zweige und zwischen den Baumstämmen freien Raum aufweist."Damit wird ein für das Weserbergland typischer Buchenwald beschrieben.

Unabhängig von der Frage, wie flüchtende Germanen schnell auf hochstämmige Buchen klettern können, dürfte das Fällen ausgewachsener Buchen im Verlauf der Schlacht nicht realistisch sein.

Doch besonders deutlich wird der Symbolgehalt der rhetorisch überhöhten Bildersprache des Tacitus am folgenden Beispiel (Tacitus, Ann. II, 17,2): „Inzwischen lenkte ein wunderschönes Vorzeichen die Aufmerksamkeit des Feldherrn auf sich: Man sah, wie acht Adler auf die Wälder zu und hineinflogen. Laut rief er, man solle losgehen und den römischen Vögeln, den eigentlichen Schutzgeistern der Legionen, folgen."

Der Legionsadler als Silberfigur mit ausgebreiteten Schwingen auf dem Blitzbündel war bekanntlich das Feldzeichen einer römischen Legion.

Im Kampf wurde der Legionsadler in unmittelbarer Nähe des Legaten getragen. Er galt als geheiligtes Symbol und wurde im Feldlager in einem eigenen Fahnenheiligtum aufbewahrt. Der Jahrestag der Weihung des Legionsadlers gehörte neben dem Geburtstag des Augustus zu den wichtigsten Festtagen der Legion. Der Legionär schwor seinen Diensteid auf den Kaiser vor seinem Legionsadler, dessen Verlust als ungeheure Schmach und Schande für den Träger des Legionsadlers und für die gesamte Legion galt.[112]

Da acht Legionen an der Schlacht bei Idistaviso teilnahmen, ist es nicht verwunderlich, dass in der symbolträchtigen Bildersprache des Tacitus sich auch ebenso viele Adler auf die im Walde versteckten Feinde stürzen.

Doch unabhängig von der symbolhaften, theatralischen Überhöhung der Begleitumstände dieser Schlacht durch den Bericht des Tacitus darf nicht der Fehler gemacht werden, das militärisch Schlüssige und das historisch Korrekte an seiner übrigen Schlachtenbeschreibung einfach zu negieren.

Immerhin ist mit der näher beschriebenen Ebene „Idistaviso", auf der die Schlacht stattgefunden haben soll, ein ernstzunehmender brauchbarer topographischer Anhaltspunkt gegeben, der, wie bereits erwähnt, eine Lokalisierung im Weserknie zwischen Minden und Rinteln, aber wahrscheinlicher nördlich des Wesergebirges im Raum Bückeburg möglich macht.

Idistaviso in der Nähe eines germanischen Heiligtums

Tacitus (Ann. II, 12,1) gibt als weiteren Anhaltspunkt an, dass die Ebene „Idistaviso" in der Nähe eines dem Herkules (Donar) geweihten Waldes lag, in dem die feindlichen germanischen Stämme vor der Schlacht sich versammelt hätten. Diese Ebene hat sich Arminius nach Tacitus bewusst als Schlachtort ausgesucht. Das erinnert zwangsläufig an den letzten Kampftag des Varus am Kultheiligtum der Mannuskultgemeinschaft der Istvaeonen, zu der auch die Cherusker zählten.[113]

Auch bei Idistaviso ist von einem der Gottheit, hier dem Donar, geweihten heiligen Bezirk die Rede, auch hier versammelten sich die feindlichen Germanen zur Schlacht.

Bei diesem Donar–Heiligtum dürfte es sich wohl um das Stammesheiligtum der Cherusker gehandelt haben, denn unabhängig von der Existenz der Teutoburg als einem zentralen Heiligtum der Istvaeonen, hatte auch jeder einzelne ihrer Stämme ein eigenes Stammesheiligtum.

Bekanntlich lag nach germanischem Glauben über geweihten heiligen Stätten ein besonderer Gottesfrieden. Wer den brach, verübte ein „Neidingswerk" und verfiel dem unversöhnlichen Zorn der Gottheit. Durch den Anmarsch der feindlichen Römer zu einem germanischen Heiligtum würde der Gottesfrieden so sehr gestört werden, dass er im Namen der erzürnten Gottheit zwangsläufig und umgehend an diesen Gottesfrevlern zu ahnden wäre. Darüber zu wachen war die göttliche Pflicht der Priester, die für die Gottheit an diesem geweihten heiligen Ort das sog. „Bannrecht" ausübten.

Es dürfte vieles dafür sprechen, dass dann auch hier die Priester am geheiligten Ort des Donars die Gläubigen aufforderten, dem Willen der Gottheit entsprechend, die römischen Gottesfrevler in einem gleichsam heiligen Krieg zu vernichten.

Weiterhin dürfte es wahrscheinlich sein, dass die Priester dies in enger Absprache mit Arminius taten, als dem militärischen Vollstrecker göttlichen Auftrages.

Für Arminius war ein solcher religiös aufpeitschender Priesteraufruf zum heiligen Kampf die sichere Gewähr dafür, dass die germanischen Krieger mit heiligem Zorn und wütender Inbrunst für die gerechte heilige Sache kämpfen würden.

Wer dabei den Heldentod fand, dem stand sofort das Jenseits offen, das sich später zum Kriegerparadies „Walhall" der Wikinger entwickelte.[114]

Auffallend ist es ferner, dass mit „Idistaviso" ebenso wie mit „teutoburgensis saltus" für beide Schlachtorte von Tacitus jeweils eine germanische Bezeichnung gebraucht wurde, die selbst zu Lebzeiten des Tacitus den Römern nicht näher erläutert werden musste.

Bei der mit „Idistaviso" benannten Ebene handelt es sich dabei nicht um eine zufällig so benannte beliebige Wiese oder Grasebene. Ihr Name muss daher mit dem benachbarten Donar–Heiligtum in besonderer Weise verbunden gewesen sein.

Folgt man Jakob Grimm,[115] so scheint „Idistaviso“ vom germanischen “Idisiaviso“ abzuleiten zu sein, was verkürzt mit „Elfenwiese“ oder „Nymphenwiese“ gedeutet wird.

Idisen galten der germanischen Mythologie zufolge als Wesen, die durch die Luft gezogen kamen und sich auf dem Schlachtfeld niederließen, wo der Kampf zwischen zwei Heeren bereits entbrannt war.[116] Ob diese Bezeichnung auf eine uralte siegreiche Entscheidungsschlacht der Cherusker bei der Landnahme und speziell bei der Eroberung der Weserpforte als Zugang zum Oberweserraum hinweisen soll, ist hier nicht weiter zu untersuchen.

Auffallend bleibt jedoch eine gewisse Vergleichbarkeit an religiösen Bezügen zwischen den jeweils von Arminius ausgesuchten Schlachtorten bei der Teutoburg und hier beim Heiligtum des Donars.[117]

Das sog. Nammerlager (bzw. die sog. Nammerburg) bei der Porta Westfalica auf dem Wesergebirge wurde daher immer wieder mit dem heiligen Hain des Donars, zumindestens jedoch mit der Schlacht „Idistaviso“, in enge Beziehung gesetzt.[118]

Bei 1983 durchgeführten archäologischen Untersuchungen im „Nammerlager“ wurde festgestellt, dass die Wallburg weit vor den Römerkriegen erbaut worden ist.

Der Ausgräber K. Günther kommt daher zu folgender Feststellung. „Will man an der Vorstellung festhalten, die Nammerburg habe in den Römerkriegen um Christi Geburt noch eine gewisse Rolle gespielt, dann nur in der Form, dass eine schon vorhandene Wallburg aus strategischen Gründen wieder benutzt wurde und von diesem kurzfristigen Ereignis naturgemäß keine Spuren überliefert sind.“[119]

Indem der Kampf mit den Römern, wie von Arminius geplant, auf der Ebene „Idistaviso“ am Heiligtum des Donars stattfand, dürfte eine weitere Szene des von Tacitus geschilderten Schlachtendramas nicht nur überzeichnet, sondern vielmehr äußerst unwahrscheinlich sein.

Religiös fanatisierte Stammeskrieger, die den Heldentod, das Opfern ihres Lebens für die Gottheit als höchste Auszeichnung empfinden, ergreifen nicht, zumal in der Nähe eines der Gottheit geweihten Haines, sofort beim ersten Aufeinandertreffen mit dem Feind gleichsam das Hasenpanier und laufen eiligst davon oder klettern „in ihrer schmählichen Flucht auf die Baumspitzen“, um sich hinter dickem Laubwerk zu verstecken.

Für germanische Krieger war nämlich feige Flucht ein verabscheuungswürdiges Vergehen.

Tacitus selbst berichtet in der Germania (12), dass Feiglinge und Kampfscheue im Morast eines Sumpfes versenkt wurden, den man mit Reisig überdeckte.

Es gilt bei den Germanen (Tacitus, Germania, 6) ja bereits als eine Schande ohnegleichen, im Kampf den Schild preiszugeben: „Wer so seinen guten Ruf verlor, darf weder an Opferhandlungen teilnehmen noch das Thing besuchen und viele, die den Krieg glücklich überstanden, haben ihrer Schmach mit dem Strick ein Ende gesetzt“.

Auch wenn Tacitus (Ann. II, 17,3) über den Schlachtverlauf davon berichtet, dass beim ersten Aufeinandertreffen der Heere „wie durch ein Wunder die beiden Heerhaufen der Feinde in entgegengesetzter Richtung flohen“, so ist das keine schmähliche Flucht vor den römischen Truppen gewesen, sondern ist, wie noch darzustellen, ein genialer militärischer Schachzug des Arminius. Auch dies dürfte dem Tacitus bewusst gewesen sein, da er ja selbst in der Germania (6) von der Kampfesweise der germanischen Heere Folgendes berichtet: „Von der Stelle zu weichen gilt eher als ein Zeichen von kluger Taktik als von Furcht, wenn man nur wieder nachstößt.“

Die strategische und taktische Begabung des Arminius, „der nicht wie andere Könige und Heerführer das römische Volk in seinen Anfängen, sondern ein Reich in seiner ganzen

Blüte herausgefordert und in den Schlachten mit wechselndem Erfolg (bekämpft hatte), im Krieg aber unbesiegt (geblieben war)“ (Tacitus, Ann. II, 88,2), dürfte Tacitus also durchaus bewusst gewesen sein.

Um aber die Feldherrnkunst des Germanicus nach etlichen Jahrzehnten nicht nachträglich in Misskredit zu bringen, feiert Tacitus das Ende der Schlacht bei Idistaviso und spricht ungewohnt überschwänglich von einem großen und nicht einmal blutigen Sieg für die Römer, die die Feinde niedermetzelten und deren Leichen und Waffen angeblich zehn Meilen weit den Boden bedeckten. Wenn die Niederlage und die dabei erlittenen Verluste der feindlichen Germanen tatsächlich so verheerend gewesen wären, so stellt sich doch sofort die Frage, wieso diese so furchtbar dezimierten Feinde nur etliche Tage später beim sog. Angrivarier–Wall dem römischen Heer eine weitere erbitterte Schlacht liefern konnten.

Es dürften daher zu Recht sehr große Zweifel an dem Ausmaß dieser germanischen Niederlage bestehen.

Da Germanicus mit seinem Heer die Schlacht bei „Idistaviso“ für sich entscheiden konnte, wäre es nun für ihn und seinen Generalstab aus strategischer Sicht erforderlich gewesen, sofort durch den feindfreien Weserdurchbruch an der Porta Westfalica ins Kerngebiet der Cherusker vorzustoßen. Alternativ hätte Germanicus ohne großen Zeitverlust über die Leine zur Elbe vorrücken müssen.

Doch er tat beides nicht, stattdessen zieht er einige Tage später mit seinem Heer völlig überraschend weserabwärts. Dies wird er jedoch nicht freiwillig getan haben, sondern er dürfte zu diesem unerwarteten Schritt ein weiteres Mal durch die herausragende strategische Begabung des Arminius gezwungen worden sein.

Die Schlacht bei Idistaviso als Beispiel für das strategische und taktische Können des Arminius

Arminius wusste nur zu gut, und zwar von Anfang an, dass das vorrangige Kriegsziel der Römer darin bestand, nach seiner Vernichtung die Cherusker als ihre Hauptkriegsgegner endlich vollständig und dauerhaft zu unterwerfen.

Mit seiner Ausschaltung als siegreicher charismatischer Symbolfigur des germanischen Widerstandes gegen die Römer, würde das feindliche Stämmebündnis, die bisherige Arminius–Koalition, schnell zerfallen und die Römer könnten dann ungefährdet ihre Machtposition bis zur Elbe ausweiten. Er wusste daher sehr genau, was alles für ihn und die freien Germanen auf dem Spiele stand.

Deshalb hatte Arminius bereits vor Beginn der römischen Großoffensive damit begonnen, durch listenreiche Fallstricke das römische Kriegsziel zu Fall zu bringen.

Schon damals hatte er sein erstes Ziel erreicht, nämlich den Zeitplan des Germanicus für den Beginn der römischen Offensive durcheinander zu bringen und die Abfahrt der Flotte erheblich zu verzögern. Der sah ja vor, wegen des kurzen Sommers und des vorzeitigen Winters den Krieg früher als gewohnt zu beginnen (Tacitus, Ann. II, 5, 3 - 4).

Wie bereits oben gesagt, dürfte Arminius durch die von ihm wohl veranlasste und gesteuerte Belagerung eines römischen Lagers an der Lippe mit der gleichzeitigen Zerstörung des geweihten Drusus–Altares den Germanicus dazu gebracht haben, aus emotionalen Gründen persönlich dem belagerten Kastell zu Hilfe zu kommen und vor allem die Wiederherstellung und feierliche Weihung des Altares zu Ehren seines Vaters Drusus zu leiten.

Dafür gingen zwangsläufig viele wertvolle Tage für einen zügigen Beginn der Großoffensive verloren.

Auch der später für Germanicus nicht vorhersehbare

Einsatz römischer Einheiten unter Stertinius von Minden aus gegen die stromabwärts siedelnden Angrivarier wird die römische Schlachtvorbereitung für die Schlacht bei Idistaviso bis zum Abschluss dieser „Strafexpedition“ verzögert haben.

Durch gezielte militärische Provokationen war es Arminius bereits vor Schlachtbeginn gelungen, die stets gefährlichen berittenen Hilfstruppen der Römer, vor allem die der Bataver, auf der östlichen Weserseite in einen Hinterhalt zu locken, wo u.a. deren Anführer Chariovalda mit vielen seiner Edlen fiel (Tacitus, Ann. II, 11,1-3).

Als ehemaliger Führer der berittenen germanischen Hilfstruppen legte es Arminius vor allem darauf an, möglichst viele der feindlichen berittenen Einheiten zu dezimieren und zu demoralisieren. Schließlich waren ihm die militärische Bedeutung und Gefährlichkeit gut geführter Reiterverbände nur zu gut bewusst.

Diese Taktik, die feindliche Kavallerie zu schwächen, hatte er bereits im Vorjahr beim Kampf gegen den Legaten Caecina bei dessen Rückmarsch zum Rhein an den „pontes longi“ erfolgreich angewandt. Nach Tacitus (Ann. I, 65,4) ließ er dort mit ausgewählten Leuten den Heereszug des Caecina durchbrechen und „besonders die Pferde verwunden.“

Das zweite Ziel dieses Feldzuges bestand für Arminius darin, den römischen Truppen den Zugang zum Kerngebiet der Cherusker im Bereich der Oberweser militärisch oder auf andere Weise zu verwehren.

Er hatte daran nicht nur als ihr Anführer ein natürliches selbstverständliches Interesse, sondern er ließ sich dabei auch ebenso von stammesinternen Motiven leiten.

Die machtpolitischen Fraktionskämpfe der letzten Zeit zwischen herrschenden Sippen, noch zusätzlich angeheizt durch private unversöhnliche Fehden zwischen Arminius und Segestes, dem Vater seiner Frau Thusnelda, hatten die Cherusker „innenpolitisch" bekanntlich sehr erschüttert und geschwächt. Als Wortführer der auch wohl von der Priesterschaft unterstützten sog. „Traditionalisten–Fraktion" hatte sich Arminius aufgrund seiner erfolgreichen militärischen Gegenwehr gegenüber den vorher als unbesiegbar angesehenen Römern derzeit unangefochten als Anführer der Cherusker durchsetzen können. Aber er war sich dessen bewusst, dass nach einer Niederlage gegen die Römer und der anschließenden Verwüstung großer Stammesgebiete, verbunden mit vielen zivilen Opfern, die Wortführer der römerfreundlichen sog. „Neuerer–Fraktion" nach Rückkehr aus dem römischen Asyl mit Hilfe der siegreichen Römer sehr schnell stammesintern die Oberhand gewinnen würden. Für ihn persönlich würde das Tod oder Verbannung bedeuten.

Insofern war die interne Verfassung der Cherusker gegenüber den übrigen Stämmen der „Arminius–Koalition" sehr viel komplexer und fragiler. Bekanntlich waren nämlich die Brukterer, Marser, Chatten und Angrivarier die bisherigen Leidtragenden der Germanicus–Feldzüge geworden. Das hat sie aber nicht daran gehindert, den Kampf gegen die verhassten Römer unter Führerschaft des Arminius fortzusetzen.

Sobald die sechs römischen Legionen von der Lippe aus in Richtung Minden aufbrachen, um sich dort mit den von Germanicus geführten Truppen zu vereinen, dürfte Arminius davon durch seine „Kundschafter" erfahren haben. Er wusste nur zu gut, dass sich Germanicus mit der dortigen Errichtung eines Basis– und Nachschublagers für den massiven Einfall ins Kerngebiet der Cherusker eine strategisch herausragende Ausgangspostion sichern wollte. Unmittelbar an der heutigen Porta Westfalica, mit einem gesicherten Nachschubweg auf der Weser, befand er sich am Eingang zur später sog. Weserfestung.

Germanicus konnte also zu Recht davon ausgehen, dass sich die feindlichen Stämme im dortigen Gebiet den Römern entgegenstellen würden. Mit aller Ruhe und Sorgfalt konnte er also die kommende Schlacht generalstabsmäßig vorbereiten, wozu auch die Sicherung des Weserüberganges durch pioniertechnische Bauten gehörte. Insofern wird Germanicus auch nicht überrascht gewesen sein, sich vielmehr eher bestätigt gesehen haben, als ihm ein „Überläufer" den von Arminius jenseits der Weser ausgewählten Ort der kommenden Schlacht mitteilte. Im Vorfeld der großen Schlacht gelang es Arminius, durch wiederholte Einzelattacken seiner Reitereinheiten und bewusste Provokationen für Verluste bei den berittenen Hilfstruppen zu sorgen. Das änderte aber nichts an der römischen Schlachtaufstellung.

Für Außenstehende mag die Entscheidung des Arminius, gerade an diesem Ort sich dem übermächtigen, großen Heer der Römer von 80 000 Mann erstmals in offener Feldschlacht zu stellen, unverständlich, zwar tollkühn, aber doch selbstmörderisch sein.

Als ehemaliger Führer germanischer Hilfstruppen wusste Arminius nur zu genau, dass seine germanischen Stammeskrieger aus verschiedenen Stämmen als Bauernkrieger auf Zeit gegen diese große Streitmacht der Römer mit ihren hervorragend ausgebildeten und bewaffneten Soldaten in einer offenen Feldschlacht keinerlei Siegchancen und höchstwahrscheinlich auch nur wenig Überlebenschancen haben würden.

Auch den gefürchteten Spezialeinheiten der römischen Bundesgenossen, wie z. B. den Bogenschützen, hatten seine Krieger nichts militärisch Gleichwertiges entgegen zu setzen.

Folgt man der Schlachtortbeschreibung von Tacitus (Ann. II, 16, 1f), so scheint diese Ebene mit Namen Idistaviso genau dem Gelände in idealer Weise zu entsprechen, auf dem sich das römische Heer fast „lehrplanmäßig" zur Schlacht aufstellen konnte. Diese für die Schlacht vorgesehene Ebene widersprach damit gleichzeitig den örtlichen Voraussetzungen, die die Germanen üblicherweise benötigten, um ihre eigene Kampfesweise optimal gegen überlegene römische Truppen anwenden zu können. Diese beruhte bekanntlich u.a. in der genauen Ortskenntnis von schwierigstem unübersichtlichen Gelände, um dies für unvorhersehbare schnelle Attacken und ebenso schnelles Zurückweichen gekonnt wirksam auszunutzen. Diese typische germanische Kampfmethode, den Gegner durch häufige „Nadelstiche“ nicht zur Ruhe kommen zu lassen, und ihn dadurch allmählich physisch und psychisch zu erschöpfen, eignete sich besonders zum Angriff auf marschierende, auseinandergezogene römische Truppen. Diese Taktik setzte jedoch den durch Wälder, Sümpfe oder Berge eingeengten Raum voraus, aber auf gar keinen Fall eine weite offene Ebene, auf der auch die schnellen Reiterabteilungen der Römer ihre Gefährlichkeit unter Beweis stellen konnten.

Man muss sich daher zu Recht fragen, warum der strategisch und taktisch so hoch begabte Arminius sich gerade die Ebene Idistaviso für die kommende Schlacht ausgesucht hat.

Nach Tacitus (Ann. II, 12,1) ist nämlich davon auszugehen, dass dieser Schlachtort in der Tat von Arminius ausgesucht wurde, denn „durch den Hinweis eines Überläufers“ erfuhr Germanicus von dem genauen, von Arminius ausgewählten Ort der Schlacht. Es hätte auch nicht dessen Charakter und Selbstverständnis entsprochen, sich von Germanicus den konkreten Schlachtort vorschreiben zu lassen. So hat er bei allen Schlachten der Germanicus–Feldzüge, an denen er teilnahm, jeweils allein die Örtlichkeiten der Schlachten bestimmt.

Die Nähe des benachbarten Donar–Heiligtums, wo sich nicht nur rein zufällig die verbündeten Stämme versammelt hatten (Tacitus, Ann. II, 12,1), war natürlich von ganz herausragender Bedeutung. Wie bereits dargestellt, konnten dort die Priester die Krieger noch einmal mit fanatischem Zorn im Namen der Gottheit zum heiligen Kampf gegen die sich gottesfrevlerisch in der Nähe befindlichen Römer aufrufen. So unverzichtbar dieser durch die Priester vermittelte göttliche Beistand für die Kampfbereitschaft der Germanen auch war, so würde das allein nicht genügen, das 80 000 Mann starke Heer der Römer in einer offenen Feldschlacht zu besiegen.

Es dürfte jedoch einen plausiblen Grund für die Ortswahl des Arminius gegeben haben, nämlich den Germanicus durch zeitaufwändige Schlachtvorbereitungen vor dem Einfallstor der „Weserfestung“ an der Porta Westfalica zeitlich zu binden.

Er selbst musste sich daher mit seinen Stammeskriegern zwar der Schlacht stellen, aber er dürfte von Anfang an vorgehabt haben, die beste Gelegenheit zu nutzen, um mit den Hauptabteilungen seiner Krieger vor deren wahrscheinlicher Vernichtung die Schlacht abzubrechen. Dieses Verlassen des Schlachtfeldes war nur als getarnte, übereilte, gegenüber den Römern glaubhaft wirkende Flucht möglich.

Aus übergeordneten strategischen Gründen kam es Arminius daher nicht auf einen heldenhaften Untergang seiner Krieger an, vielmehr war er darauf bedacht, in einer weiteren, unvermeidbaren, aber dann wohl entscheidenden Schlacht gegen Germanicus auf möglichst viele seiner Kampfverbände einschließlich der unverzichtbaren Reiterei zurückgreifen zu können. Diese spätere Schlacht müsste dann dort geschlagen werden, wo die entsprechenden örtlichen Vorgaben militärisch mehr den Germanen als den Römern nützen würden. Sie müsste auch für Germanicus und seinen Generalstab hinsichtlich des Ortes, der Zeit und der Stärke der dann zum Einsatz kommenden germanischen Verbände völlig unerwartet kommen. Dadurch müsste auch der weitere römische Feldzugsplan nicht mehr umsetzbar sein. Indem so die Römer zeitlich und taktisch „völlig aus dem Tritt“ gebracht würden, könnte er, Arminius, dann wieder das Heft des Handelns in die Hand nehmen, um den römischen Einmarsch ins Kerngebiet der Cherusker zu verhindern. Bis dahin würde es schon wieder

Herbst werden, der bekanntlich seit jeher die militärischen Aktionen der Römer in diesem Teil Germaniens beeinträchtigte.

Dieses strategische Kalkül des Arminius setzte aber den Einsatz germanischer Kommandos voraus, die seine angebliche „Flucht" deckten. Sie müssten bis zum Schlachtende todesmutig gegen die Römer kämpfen, wobei nur die Allerwenigsten überleben würden. Durch diesen erbitterten aufopferungsvollen Kampf dieser kleinen germanischen Kampfeinheiten könnte Germanicus auch die geflohenen Gegner nicht wirksam verfolgen lassen, um sie möglichst zu vernichten.

Da im Kampfgetümmel des Schlachtenverlaufes Germanicus und sein Generalstab sich auch keinen Überblick über den Umfang der „geflüchteten" Germanen verschaffen könnten, dürfte man diese „Flucht von Feiglingen" auch eher unterschätzen.

All dieses einzukalkulieren dürfte der gewagte, völlig unkonventionelle strategische Plan des Arminius gewesen sein, sich allen „vernünftigen" Erwägungen zum Trotz, für Idistaviso am Heiligtum des Donars als Schlachtort entschieden zu haben.

Es bleibt jedoch zu prüfen, ob eine genaue Analyse der entsprechenden Tacitus–Texte diese hier vertretene Erklärung für das Planen und Handeln des Arminius unterstützt und mitträgt.

Lässt man die dramaturgisch inszenierten Einzelschilderungen vom Schlachtverlauf im Bericht des Tacitus unberücksichtigt, so ergibt sich aus seiner übrigen militärischen Darstellung der Schlacht, dass es Arminius durch Angriffe und Rückzüge kleinerer germanischer Verbände gelang, die römischen Truppen so weit militärisch zu binden, dass er seine beiden größten Kampfverbände ohne starke Verluste vom Gegner lösen konnte, um sie schließlich gänzlich vom Schlachtfeld abzuziehen.

Die Verwirrung über dieses taktisch geschickte Absetzen der Germanen vom überlegenen Feind erschien den Römern wie eine panikartige Flucht. „Wie durch ein Wunder flohen die beiden Heerhaufen der Feinde in entgegengesetzter Richtung: Diejenigen, die den Wald gehalten hatten, stürzten auf das freie Feld, diejenigen, die auf der Ebene gestanden hatten, in den Wald“ (Tacitus, Ann. II, 18,3). Die Tatsache, dass aber bis in die Nacht gekämpft wurde (Tacitus, Ann. II, 18,1), lässt nur darauf schließen, dass wenige todesmutige kleine germanische Einheiten dieses gezielte Absetzen ihrer Hauptverbände durch aufopferungsbereiten und auch fintenreichen Kampf gedeckt und somit ermöglicht haben, wobei sicherlich viele von ihnen den Tod fanden. Dabei ist die Aussage des Tacitus, das bis in die Nacht gekämpft wurde, wieder überzogen, denn in dunkler Nacht auf unbekanntem Gelände, seit dem frühen Morgen ohne Pause und Verpflegung, möglichst noch in Wäldern, konnte man nicht mehr sicher Freund und Feind auseinander halten.

Die Wut und Enttäuschung der Römer über ihr eigenes größtenteils militärisch ins Leere stoßende Vorgehen wandelt später Tacitus (Ann. II, 18,1) mit Rücksicht auf Germanicus in einen „großen und nicht einmal blutigen Sieg für uns“ um. Es ist psychologisch verständlich, dass die römische Führung ihren Truppen das Ergebnis dieser militärischen Auseinandersetzung, nämlich das „Fliehen der Feinde“, als großen moralischen und militärischen Sieg der Römer verkauft hat. Jede andere Darstellung hätte sonst bei den Legionen berechtigte Zweifel an der Sinnhaftigkeit dieser Großoffensive aufkommen lassen. Im Bewusstsein dieser offiziell verordneten Stimmungslage, einen glänzenden Sieg über die Feinde errungen zu haben, werden die Römer einige Tage dazu verwandt haben, die eigenen Reihen zu ordnen und sich auszuruhen. Vom Gegner nicht mehr bedroht, errichteten die Soldaten nach Tacitus (Ann. II, 18,2) einen Hügel und „legten ihre Waffen wie

Siegestrophäen darauf nieder, darunter schrieb man die Namen der besiegten Völker“. Außerdem mussten die gefallenen Soldaten ordnungsgemäß bestattet und die Verwundeten von Militärärzten versorgt und behandelt werden. Der Militärarzt war beim römischen Militär ein eigener Berufsstand.[120]

Auch von Caesar ist bekannt (De bello Gallico 1, 25, 5), dass er nach der siegreichen Schlacht über die Helvetier drei Tage damit verbringen ließ, die Verwundeten zu versorgen und die Toten zu bestatten.

Die getöteten feindlichen Germanen dürften die Römer, wie es üblich war, nach Plünderung ihrer Waffen und sonstiger Habseligkeiten der Verwesung überlassen haben. „Zumeist verließen die Sieger nach drei Tagen das Feld, wenn die eigenen Toten bestattet, das Schlachtfeld geplündert und der Verwesungsgeruch nahezu unerträglich geworden war.“[121]

Auch Arminius dürfte äußerst zufrieden gewesen sein, weil bisher alles nach seinem oben erwähnten Plan verlief.

Er verfügte nach wie vor über eine weitgehend einsatzbereite und kampffähige germanische Streitmacht, die er ja überaus erfolgreich durch „Flucht“ vor dem Niedergang bewahrt hatte.

Während man nun von einem verantwortungsbewussten Heerführer erwarten würde, unverzüglich die Verteidigung seines Stammesgebietes vorzubereiten, macht Arminius jedoch atypisch und daher für keinen Gegner vorhersehbar, strategisch das Klügste, was in dieser Situation denkbar war, und was den Germanicus und seinen Generalstab erneut wieder zum bloßen, wütenden Reagieren zwingen würde.

Er zog nämlich mit seinen Kriegern auf der rechten, östlichen Weserseite, auf der ja auch die Schlacht stattfand, weserabwärts in Richtung Bremen.

Als das Germanicus erfuhr, waren er und sein Generalstab in höchstem Maße alarmiert, so wie es Arminius auch erwartet hatte. Die römische Führung musste nämlich zu Recht befürchten, dass Arminius den lebensnotwendigen Nachschubweg für die römischen Truppen über die Weser blockieren würde. Noch schlimmer war jedoch die Vorstellung von einer möglichen Plünderung und Zerstörung des Flottenstützpunktes in Bremerhaven.

Germanicus blieb folglich nichts anderes übrig, als auf den Einmarsch ins offenstehende Kerngebiet der Cherusker schweren Herzens zu verzichten. Aber die Sicherung des gefährdeten Nachschubweges und der Marinebasis hatte eindeutig Vorrang. Das hatte nun zur Folge, dass das römische Heer umgehend dem Arminius folgen musste, um ihn in einer weiteren Schlacht diesmal vollständig zu besiegen.

Aus der topographischen Beschreibung durch Tacitus (Ann. II, 19,2) ergibt sich, dass Germanicus von Idistaviso aus tatsächlich weserabwärts und nicht z. B. in Richtung Elbe marschierte; denn weserabwärts an der Stammesgrenze von Angrivariern und Cheruskern trafen die Römer auf Arminius und seine Krieger.

Der von ihm ausgewählte Schlachtort lag neben der Weser. Zwar ist der Name „Weser“ nicht ausdrücklich genannt, aber die lateinische Bezeichnung „flumen“ steht für einen großen Fluß oder Strom wie „Nilus flumen“ oder „flumen Rhenus“. Bei einem kleineren Fließgewässer hätte der sprachlich genaue Tacitus sicherlich von „rivus“ oder „fluvius“ gesprochen.

Der alles sorgsam planende Stratege Arminius, der nichts dem Zufall überließ, dürfte dafür gesorgt haben, dass wie bereits vor der Idistaviso–Schlacht auch diesmal seine „geheimen militärischen Pläne“ durch angebliche Überläufer dem Germanicus „verraten“ würden.

Dass diese List des Arminius wohl gelungen sein dürfte, beschreibt Tacitus (Ann. II, 20,1) wie folgt: „Nichts (blieb) davon Caesar (Germanicus) verborgen. Er kannte die offensichtlichen wie die geheimen Pläne und Orte und kehrte die Listen der Feinde zu ihrem eigenen Verderben um.“

Bereits vor der vorhergehenden Schlacht bei Idistaviso hatte Germanicus bekanntlich durch „Überläufer“ (Tacitus,

Ann. II, 12,1) nicht nur von der konkreten Örtlichkeit für die geplante Schlacht sondern auch von der vermeintlichen Strategie und Taktik des Arminius erfahren und auf Grund dieses Wissens seinerseits seinen eigenen Schlachtplan entwickelt.

Die römische Führung witterte auch kein falsches Spiel bei den Überläufern der Cherusker. Bekanntlich gingen die Spannungen zwischen sog. römerfeindlichen „Traditionalisten“ und sog. römerfreundlichen „Neuerern“ quer durch den Stamm und einzelne Sippen.

Da ja bekanntlich etliche Adelige der Cherusker mit ihrem Gefolge ins römische Exil gegangen waren, war es für Germanicus nicht unwahrscheinlich und verdächtig, wenn einzelne Cherusker als Überläufer den „Traditionalisten“ der Arminius–Fraktion entkommen wollten. Die Glaubwürdigkeit dieser „Agenten“ des Arminus konnte auch deshalb schwer in Frage gestellt werden, da ihre Berichte und Informationen sich stets als wahrheitsgemäß herausgestellt hatten.

Das dürfte jedoch wiederum ein raffinierter doppelter Schachzug des Arminius gewesen sein, die Römer nämlich durch überprüfbare Informationen dazu zu bringen, ihre eigenen militärischen Pläne aufgrund dieser Informationen dahingehend zu ändern, um die Germanen – jedoch nur scheinbar – völlig unvorbereitet überraschen zu können.

Doch in Wirklichkeit liefen sie damit in die von Arminius gestellte Falle, weil dieser nun wiederum in Erwartung der vorhersehbaren römischen Reaktion sich hierauf taktisch einstellen konnte.

Germanicus, sein hochrangiger Generalstab[122] und römerfreundliche Adelige der Cherusker, die sich wohl zum Teil beim römischen Heer im Umfeld des Germanicus aufhielten, kamen wohl nicht auf die Idee, dass Arminius wirklich geheime Pläne nur wenigen Eidgenossen mitteilen würde, die eidgebunden niemals als verabscheuungswürdige Verräter desertieren würden.

Durch die erfolgreiche Arbeit seiner sog. „Überläufer“ konnte er davon ausgehen, dass Germanicus auch diesmal wieder in seinem Sinne reagieren würde, und ihm ebenfalls auf der östlichen, rechten Weserstrecke flussabwärts nachsetzen würde.

Im Vertrauen auf die erwartete Reaktion des Germanicus konnte Arminius auf dem vorhersehbaren Marschweg des römischen Heeres die bewährte germanische Kampfmethode anwenden, die Römer in ihren langen Marschkolonnen durch gezielte Überfälle massiv zu beeinträchtigen und ihnen empfindliche Verluste zuzufügen, wie es Tacitus (Ann. II, 19,1) knapp formuliert: „Sie, die sich gerade darauf eingerichtet hatten, ihre Wohnsitze zu verlassen und sich über die Elbe zurückzuziehen, wollten nun den Kampf und griffen zu den Waffen; Volk und Adelige, Jünglinge und Greise stürmten plötzlich gegen den römischen Heereszug an und brachten ihn durcheinander.“

Mit dieser äußerst knappen Darstellung vom Kampf mit dem angeblich letzten Aufgebot von eigentlich nicht mehr oder noch nicht „fronteinsatzfähigen“ germanischen Männern, diesem schnell zusammengerufenen germanischen „Volkssturm“, will Tacitus lediglich seine vorherige Darstellung vom totalen Sieg der Römer bei gleichzeitig enorm hohen Verlusten der germanischen Kampfverbände bestätigen, wonach dem Arminius keine ausreichenden Krieger mehr zur Fortführung des Kampfes zur Verfügung gestanden hätten.

Schlachtort am sog. Angrivarier–Wall

Der durch die unerwarteten und heftigen Überfallattacken der Germanen verunsicherte und geschwächte römische Heereszug gelangte endlich zu dem Ort, den Arminius aus seiner

Sicht für die kommende Schlacht mit den Römern für sehr geeignet hielt.

Diesen Ort beschreibt Tacitus (Ann. II, 19,2) wie folgt: „Schließlich wählten sie (die Germanen) einen Ort aus, der von Fluss und Wäldern eingeschlossen war und im Inneren eine enge feuchte Ebene (bildete), auch die Wälder umgab ein tiefer Sumpf, nur zu einer Seite hatten die Angrivarier einen breiten Wall aufgeschüttet, durch den sie von den Cheruskern getrennt wurden."

Es handelte sich hier wieder um ein sorgsam von Arminius ausgesuchtes Gelände, wo sich das gesamte römische Heer gar nicht in seiner vollen Stärke aufstellen konnte, da ihm dafür der notwendige Aufstellungsraum fehlte. Auch die Reitereinheiten wurden in ihrer Kampfesweise massiv durch diese topographischen Vorgaben beeinträchtigt. Darauf dürfte Arminius besonderen Wert gelegt haben, um dadurch den römischen Reitereinheiten ihre gefürchtete Wirkung zu nehmen.

Die wiederum lakonisch knappe Bemerkung von Tacitus (Ann. II, 21,2) am Ende seiner späteren Schlachtbeschreibung: „Die Reiter kämpften ohne Entscheidung", scheint zu bestätigen, dass das taktische Kalkül von Arminius voll aufgehen sollte.

Doch bevor zu untersuchen ist, welche Funktion dieser von den Angrivariern aufgeschüttete breite Wall gehabt haben soll, „durch den sie von den Cheruskern getrennt wurden", stellt sich die Frage nach der Örtlichkeit des sog. Angrivarier–Walles.

Wo liegt der Angrivarier–Wall?

Mit der Weser und dem Grenzgebiet zwischen Angrivariern und Cheruskern hatte Tacitus topographische Hinweise auf die Örtlichkeit des Angrivarier–Walles gegeben.

Aufgrund dieser Hinweise bot sich als möglicher Standort für den sog. Angrivarier–Wall das Gebiet zwischen Steinhuder Meer und der Weser an, da sich westlich und nordwestlich des Steinhuder Meeres versumpfte und vermoorte Bachauen bis nahe an die Weser heranzogen.[123]

Die Örtlichkeit bei Leese, Kreis Nienburg, entsprach am ehesten den von Tacitus genannten topographischen Hinweisen. Im Jahre 1926 führte daher auf Veranlassung des archäologischen Institutes des Deutschen Reiches der zweite Direktor der Römisch–germanischen Kommission J. Bersu in Gegenwart des anerkannten Fachmannes für vor– und frühgeschichtliche Burgen C. Schuchhardt südlich von Leese eine Grabung durch. Dabei konnten Reste eines alten Walles festgestellt werden, in denen der lange gesuchte Angrivarier–Wall vermutet wird.[124] Auf der Ostseite schloss der ergrabene Wall an sumpfige Niederungen, während er auf der Westseite am ehemaligen Weserarm endete.[125] Es konnte nur eine Wall–Länge von etwa 1800 m festgestellt werden.[126]

Weseraufwärts von Leese teilte sich damals die Weser in drei Arme und bot somit einen geeigneten Weserübergang. Das führte auch im Mittelalter dazu, dass dort die Grafen von Hoya auf einem Weserterrassensporn die Burg Stolzenau zur Sicherung dieses Weserüberganges errichten ließen.[127]

Obwohl in der späteren wissenschaftlichen Diskussion die Errichtung des Angrivarier – Walles in Leese nicht unumstritten blieb, gilt jedoch überwiegend die Auffassung, dass „man trotz einiger Bedenken weiterhin (den Angrivarier – Wall) im Wall von Leese erkennen will.[128]

Auch der Althistoriker G. A. Lehmann kommt trotz aller Zweifel zu dem Ergebnis, dass die „(vom archäologischen Befund her notwendigen) Korrekturen... bislang noch keine prinzipielle Revision der weiterhin übereinstimmenden ungefähren Lokalisierungsansätze für die jeweiligen römischen Operationen erforderlich gemacht“ haben.[129]

Diese Zweifel, in dem Wall in Leese den sog. Angrivarier–Wall zu sehen, hatte der Vor– und Frühgeschichtler G. Mildenberger wie folgt vorgetragen:

„Die am Marschberg etwa 500 m südlich des Walles unmittelbar am Rande der Weseraue gelegene frühkaiserliche Siedlung, mit deren Hilfe der Wall in die Zeit des Augustus datiert wurde, spricht eher gegen als für diese Ansetzung. Denn es ist kaum anzunehmen, das sich im unmittelbarem Vorgelände eines solchen Grenzwalles eine gleichzeitige Siedlung befand“.[130]

Doch auch er kommt anschließend zu folgender Schlussfolgerung: „Die historische Überlieferung ließe eine Lokalisierung des Angrivarier–Walles im Raum Leese durchaus zu, auch die Bauweise würde in die Zeit um oder kurz vor Christi Geburt passen, in der der Wall ja errichtet sein müsste.“

Es ist G. Mildenberger darin zuzustimmen, dass eine zeitgleiche Ansiedlung der Angrivarier im Vorfeld eines Grenzwalles aus Sicherheitsaspekten nicht viel Sinn machen würde.

Die diesbezüglich geführte wissenschaftliche Diskussion geht jedoch ausschließlich davon aus, dass es sich bei diesem Wall in Leese um einen „Grenzwall“ handele.

War der „Angrivarier-Wall“ ein Kultplatz?

Es soll nun im Folgenden aufgezeigt werden, dass es sich bei dem von Tacitus genannten Wall nicht um einen „Grenzwall“ zwischen dem Stammesgebiet der Angrivarier und den Cheruskern gehandelt haben kann.

Die Einfluss- und Anspruchsgebiete der jeweiligen einzelnen germanischen Stämme zur damaligen Zeit wurden untereinander durch sog. Ödmarken abgegrenzt, um Schutz vor überraschenden feindlichen Einfällen zu haben.[131] Bereits Caesar schreibt im „ De bello Gallico“ (6,23,1) dazu: „Zum höchsten Lob gereicht es den Stämmen, in möglichst weitem Umkreis die Gebiete zu verwüsten und Einöden zu haben."[132] Auch Tacitus benennt in seiner Germania (40,2) eine Anzahl germanischer Stämme, die „durch Flüsse und Wälder geschützt" würden.

Bei der relativ geringen Besiedlungsdichte aufgrund großer Moor– und Waldgebiete boten sich Wälder, Flüsse, Moore und Berge wie selbstverständlich als natürliche Stammesgrenzen an.[133] Fehlten die naturgegebenen Grenzen, konnten die Germanen sie auch durch selbst herbeigeführte Einöden schaffen, um so den erforderlichen Sicherheitskorridor zu erhalten.

Grenzwälle dagegen waren zwischen germanischen Stämmen zur frühen römischen Kaiserzeit noch unbekannt.

Da die Cherusker und Angrivarier zu beiden Seiten der Weser siedelten, und sie somit auf beiden Weserseiten gemeinsame Stammesgrenzen hatten, wäre es für die Angrivarier widersinnig gewesen, ihre Stammesgrenze „nur" auf 1800 m durch eine Art „Berliner Mauer" vor möglichen Angriffen der zumindest damals befreundeten Cherusker zu schützen.

Dieser sog. Grenzwall schließt nach Tacitus (Ann. II, 19,2), wie bereits dargelegt, eine kleine enge Ebene ab, die durch Weser und Wälder eingeschlossen ist, wobei die Wälder noch zusätzlich von tiefem Sumpf umgeben sind. Diese sackgassenähnliche Örtlichkeit hatte nur eine Öffnung nach Süden in Richtung Cheruskergebiet.

Warum sollte nun zur Stammesgrenze hin dieser offene „Sack" durch einen Grenzwall gesichert werden, wenn es doch militärisch viel günstiger gewesen wäre, den Gegner in den „offenen" Sack laufen zu lassen, um ihn dann nach Schließung der Falle besser bekämpfen zu können?

Als „Grenzwall" macht der in Leese nachgewiesene Wall somit keinerlei militärischen Sinn.

Hinzu kommt noch, dass die Hauptsiedlungsgebiete der Angrivarier an diesem Weserabschnitt auf der westlichen Weserseite gelegen haben dürften.

Westlich der Weser am Rande der Hoya – Cloppenburger Geestplatte ist dieser Geestrand zu einer von der Natur vorgegebenen wichtigen Siedlungs– und Verkehrslinie geworden, die seit ältester Zeit besiedelt war.[134]

Das Gebiet zwischen dem Steinhuder Meer und Leese, als Grenzmark eine Art „Niemandsland“, dürfte auch wegen versumpfter Gebiete siedlungsarm gewesen sein.

Langwälle zur Sicherung von Stammesgrenzen sind erst Jahrhunderte später für germanische Stämme archäologisch nachzuweisen.

Die bekanntesten sind Offa's Dyke zwischen England und Wales sowie Danewerk auf Jütland. Sie setzen nämlich eine bereits entwickelte staatliche Organisation voraus, da solch enorme Befestigungsanlagen nur durch höchste Gemeinschaftsleistungen über einen jeweils langen Zeitraum herstellbar sind.[135]

Aber auch ein auf Veranlassung des Arminius sehr kurzfristig erfolgter Bau dieses Walles, um über eine günstige Verteidigungslinie für die schon bald erwarteten Angriffe der Römer zu verfügen, dürfte ebenfalls ausgeschlossen sein.[136] Dieses Errichten eines großen Walles innerhalb weniger Tage, wenn es denn überhaupt zu schaffen gewesen wäre, hätte auch der Taktik von Arminius widersprochen.

Es ist nicht vorstellbar, dass er einen ausgewählten Schlachtort, der bereits von der Topographie her einem „offenen Sack“ in Richtung Feind entspricht, mit einem Wall an der Öffnung versperren würde. Vielmehr hätte er die Römer durch List dazu verlockt oder gereizt, dort hinein zu marschieren, um sie dann von allen Seiten anzugreifen, um sie allmählich zu erschöpfen und militärisch aufzureiben.

Außerdem wäre es in unmittelbarer Nähe zur damaligen Weser, die ja den Römern als vielbefahrene Hauptversorgungslinie für das römische Heer diente, den Marinesoldaten auf den Proviantkähnen sicherlich aufgefallen, wenn eine so aufwändige, nur mit enormem Personaleinsatz zu errichtende Befestigungsanlage errichtet worden wäre.

Möglicherweise könnte es sich bei den in Leese entdeckten Wallresten um die Dammaufschüttungen für einen Verkehrsweg gehandelt haben, der durch versumpftes Gelände zur Weserfurt führte.

Darauf könnte die folgende Beschreibung von Tacitus (Ann. II, 19,2) hinweisen: „Auch die Wälder umgab ein tiefer Sumpf, nur an einer Seite hatten die Angrivarier einen breiten Wall (lato aggere) aufgeschüttet." Das lateinische Wort „agger" kann sowohl Wall, Damm, Lagerwall als auch Dammweg bedeuten, im Gegensatz zu „vallum", das eine Verschanzung durch Erdwall und Palisaden voraussetzt.

Doch der o. g. Grabungsbefund von 1926 steht der Annahme eines Dammweges eindeutig entgegen. Danach bestand der Leeser Wall ursprünglich aus einer Holz–Erde–Konstruktion, denn an seiner Vorderseite ließen sich u. a. noch Pfostenlöcher im Abstand von etwa 1, 3 m nachweisen, wobei die Zwischenwände durch eine Holzwand aufgefüllt gewesen sein werden. Ein Graben scheint jedoch gefehlt zu haben.[137]

Nachdem Tacitus für den „Angrivarier–Wall" dreimal den Begriff „agger" benutzte, bezeichnet er ihn zum Schluss seiner Schlachtbeschreibung auf einmal als „vallum", was wiederum dem archäologischen Befund von 1926 entsprechen dürfte.

Es ist also davon auszugehen, dass es sich bei dem Leeser Wall auch nicht um einen aufgeschütteten Dammweg handeln kann.

Demnach könnte dieser Wallabschnitt ein künstlich angelegter Teil einer großen natürlichen Befestigungs– bzw. Verteidigungsanlage der Angrivarier gewesen sein, die durch

Weser, Wälder und Sümpfe hervorragend geschützt war. Das könnte dann für eine Nutzung als sog. Fliehburg sprechen.

Die umliegend siedelnden Angrivarier hätten sich dann in dieser Fliehburg bei kriegerischen Bedrohungen und Auseinandersetzungen mit „Sack und Pack“ einschließlich ihres wertvollen Viehbestandes vor den Feinden in Sicherheit bringen können.

Normalerweise verließen sich jedoch die germanischen Stämme dieser Zeit nicht auf große Fliehburgen, weil in ihnen zwar ihr Hab und Gut hätte untergebracht werden können, sie andererseits aber in ihnen wie in einer Falle festgesessen hätten. Befestigungsanlagen und Höhenburgen wurden daher von den Germanen während der ersten Jahrhunderte n. Chr. nicht errichtet.[138]

Der Vor– und Frühgeschichtler R. Hachmann präzisiert das wie folgt: „Es entsprach weder dem Wesen des germanischen Kriegers noch seiner Kampfesweise, Verteidigungsanlagen zu bauen.... Vor einem übermächtigen Gegner wie den Römern gaben Sümpfe und Moore sichereren Schutz als ihn Festungen und Burgen hätten bieten können.“[139]

Die Menge an potentieller Beute hätte die Eroberung solcher Fliehburgen für die feindlichen Angreifer auch besonders verlockend gemacht. Ein zusätzlich großer Nachteil von Fliehburgen bestand für die Germanen darin, dass zu ihrer wirksamen Verteidigung zu viele ihrer einsatzfähigen Stammeskrieger benötigt würden.

Zu Recht weist G. Mildenberger darauf hin, dass im Verteidigungsfall nach einer alten Faustregel für etwa 5 m Befestigungslinie ein Verteidiger erforderlich sei.[140]

Wenn man bei einer angenommenen Fliehburg in Leese als in Frage kommende Verteidigungslinie lediglich die Länge des Walles von 1800 m annehmen würde, so müssten zur Verteidigung allein dieses relativ kurzen Befestigungsabschnittes rund 360 Stammeskrieger der Angrivarier bereitstehen.

Diese sicherlich zu gering angesetzte Zahl von Kriegern würde zu einer nicht unerheblichen Schwächung der eigentlichen Kampfeinheiten der Angrivarier führen.

Auch die Lage in Leese auf der östlichen, rechten Weserseite zwischen der Weser, besiedlungshemmenden Sumpfgebieten und dem „Niemandsland" zu den Cheruskern dürfte an dieser Stelle gegen eine Fliehburg dieses Ausmaßes sprechen.

Wie oben bereits gesagt, führte am Urstromtal auf der westlichen, linken Seite der Weser auch der Handels– und Heerweg von Bremen nach Minden, auf dem bekanntlich auch Germanicus weseraufwärts gezogen war.

Wenn bei einer nicht näher bezifferbaren Siedlungs– und Bevölkerungsdichte der größte Teil der dort lebenden Angrivarier mit hoher Wahrscheinlichkeit auf der westlichen Weserseite lebte, dann würde das Aufsuchen einer großen Fliehburg auf der östlichen Weserseite sehr zeitaufwändig und mühsam sein, um vor allem das Vieh sicher über die Weser zu bringen, wobei die jeweilige Wasserführung der Weser natürlich das Überqueren mit „Sack und Pack" zusätzlich beeinflusste. Mögliche Feinde hätten durch rechtzeitige Sperrung der Furten das Erreichen der Fliehburg unmöglich machen können.

Es entsprach auch mehr den germanischen bewährten Gewohnheiten und Erfahrungen, ihre „Zivilisten" mit Hab und Gut wohl sippenweise in geheimen Verstecken in Wäldern oder in unwegsamen Sumpf– und Moorgebieten in Sicherheit zu wissen.

Solche geheimen Verstecke für relativ wenige Menschen konnten daher kleiner sein, und auf Grund ihres geringen Flächenbedarfes gab es auch erheblich mehr Möglichkeiten, in unwegsamen, nur den Einheimischen bekannten Gebieten solche Verstecke anzulegen.

Wenn nun tatsächlich einige dieser verstreuten Verstecke von feindlichen Angreifern entdeckt und geplündert werden konnten, so waren die dadurch entstandenen Verluste an Mensch, Vieh und Habe zwar äußerst schmerzhaft, aber sie betrafen nur einen geringen Teil der Stammesressourcen an Menschen und Vieh.

Das langwierige Aufspüren solch zahlreicher verstreuter kleiner Verstecke würde auch die geschlossene Kampfkraft und Stärke der feindlichen Verbände zersplittern, die dabei auch nur selbst zu schnell und zu leicht in vorbereitete Hinterhalte geraten konnten. Diese Form des dezentralen Versteckens kleiner ziviler Gruppen hat sich gleichsam als äußerst wirksame „Zivilschutzmaßnahme“ sehr bewährt.

Hinzu kam noch, dass diese Art des Schutzes von „Hab und Gut“ kaum kampffähige Stammeskrieger benötigte, die deshalb in größeren Verbänden zeitlich und örtlich flexibel dem Angreifer wirkungsvoll entgegentreten konnten.

So schreibt auch Tacitus (Ann. I, 56,3), dass beim Frühjahrsfeldzug des Germanicus im Jahre 15 n. Chr. die angegriffenen Chatten ihre Gaue und Dörfer verließen und sich in den Wäldern zerstreuten. Ähnliches berichtet vorher auch Caesar im „De bello Gallico“ (4,19,2) anlässlich seines Brückenschlages über den Rhein im Jahre 55 v. Chr.: „Nachdem die Sueben durch Kundschafter von dem Brückenbau erfahren hätten, hätten sie gewohnheitsmäßig eine Versammlung abgehalten und Botschafter in alle Gegenden ausgesandt, man solle aus den Siedlungen auswandern, Kinder, Frauen und den gesamten Besitz in den Wäldern unterbringen und alle Waffenfähigen sollten an einem Ort zusammen kommen“. Die Sugamber hatten ebenfalls vom Zeitpunkt dieses Brückenbaues an „alle ihre Habe fortgeschafft und sich in die Einöden und Wälder zurückgezogen“ (Caesar, De bello Gallico, 4,18,4). Auch die Nervier in Nordbelgien hatten nach Caesar (De bello Gallico 2, 16, 5) „die Frauen und die altershalber Kampfunfähigen [...] an einen Ort gebracht, der wegen seiner Sümpfe für ein Heer unzugänglich sei“.

Es spricht demnach sehr viel dafür, dass es sich bei dem sog. Angrivarier–Wall nicht um eine von den Angrivariern errichtete Befestigungslinie einer Fliehburg gehandelt haben dürfte.

Demnach bliebe als Deutung für diese zweifellos vorhanden gewesene Anlage nur die Erklärung übrig, dass es sich bei ihr wohl um eine möglicherweise vorgermanische Befestigungsanlage zum Schutz eines wichtigen Versammlungsortes handeln könnte, die auch später nach germanischer Landnahme in gleicher Funktion von den Angrivariern so benutzt wurde.[141]

So stellt sich auch für den Archäologen D. Bérenger[142] die Gleichung als zu eng und einseitig dar, wonach ein Wall stets eine Befestigung im militärischen Sinn gewesen sein müsse.

Für einige der westfälischen eisenzeitlichen Burgen sei durchaus eine Deutung als befestigter kultisch bedeutsamer Versammlungsplatz denkbar. Daher geht inzwischen die Forschung davon ab, in den früheren, z.B. schon jungsteinzeitlichen (neolithischen) Erdwerken nur Befestigungen mit ausschließlich militärischem Charakter zu sehen.

Da inzwischen die unterschiedlichsten Arten von Erdwerken archäologisch nachgewiesen werden konnten, schwankt deshalb die Deutung zwischen militärischer Befestigung, Kultplatz, Bestattungsort und astronomischer Einrichtung.[143] So wird das steinzeitliche Erdwerk der Beusterburg (bei Nordstemmen im Raum Hildesheim) von einem Teil der Forschung für eine jungsteinzeitliche Kultstätte, für einen Versammlungs–, Markt– und Kultplatz gehalten.[144]

Der Vor– und Frühgeschichtler H. Steuer warnt deshalb davor, sich nur auf eine Nutzungsform zu konzentrieren, da es durchaus auch multifunktionale Nutzungen im Lauf der Zeit geben konnte, wie Befestigung, Viehauftriebsplatz oder heiliger Bezirk.

Folgt man diesem Deutungsvorschlag, in Befestigungsanlagen auch Kultplätze zu vermuten, so könnte es sich hier im konkreten Fall bei der Örtlichkeit am sog. Angrivarier–Wall um einen alten von den Angrivariern übernommenen und genutzten Kultplatz und Versammlungsort handeln.

Doch ist dies archäologisch nicht nachweisbar. Folgende Überlegung könnte jedoch für diese Möglichkeit sprechen. Im Gegensatz zu den hochgerüsteten und hervorragend geführten römischen Berufssoldaten standen ja bekanntlich dem Arminius nur germanische Bauernkrieger auf Zeit, dazu noch aus verschiedenen Stämmen, zur Verfügung, die durch die jahrelangen schweren verlustreichen Kämpfe mit den Römern und durch die Strapazen der ständigen militärisch erforderlichen Ortswechsel an den Rand ihrer Einsatzfähigkeit gelangt sein dürften.

Um diese germanischen Stammeskrieger dennoch immer wieder aufzuputschen, auf göttliches Geheiß ihr Letztes im Kampf gegen die Römer zu geben, bedurfte es wohl entsprechend fanatischer Priester an Kultplätzen und Heiligtümern.

Folgt man dieser Deutung, so würde sich auch erklären lassen, warum auch die Angrivarier am Kampf gegen die übermächtigen Römer teilnahmen, obwohl es dieselben Angrivarier waren, die erst kürzlich von Stertinius „mit Feuer und Mord“ (Tacitus, Ann. II, 8,4) heimgesucht worden waren.

All dies spricht nun dafür, dass es sich bei der mit einem Wall abgeriegelten Örtlichkeit in Leese um einen Kultplatz der Angrivarier gehandelt haben könnte.

Auch wenn nach Tacitus (Ann. II, 20, 21) die Römer sich im Verlauf dieser Schlacht wiederum „den Weg durch die hinsinkenden Feinde“ bahnten und „sich bis in die Nacht hinein am Blut der Feinde sättigten“, so dürfte auch diesmal wieder der Sieg nicht so grandios für die Römer gewesen sein, wie es Tacitus weismachen will.

Das dürfte auch Tacitus selbst bewusst gewesen sein, wenn er lapidar schreibt, dass die Reiter ohne Erfolg kämpften. Als ehemaligem ranghohen Offizier stand es für Tacitus natürlich fest, dass damit militärisch äußerst wichtige germanische Verbände weiterhin einsatz– und kampfbereit waren.

In diesem Zusammenhang ist auch eine Mitteilung von Tacitus (Ann. II, 21,2) zu hinterfragen, wonach Germanicus „erst spät am Tage eine Legion aus der Schlacht ab(zog), um ein Lager aufzuschlagen".

H. Delbrück[145] kommentiert diese Handlungsweise des Germanicus wie folgt: „merkwürdiger Römer, der in eine solche Schlacht hinein geht, ohne vorher ein Lager errichtet zu haben."

Da es eine selbstverständlich militärisch genau wahrgenommene Pflicht der Legionen war, am Ende eines jeden Marschtages zu ihrem eigenen Schutz ein Marschlager zu bauen[146], ist davon auszugehen, dass diese Marschlager bereits vor dem Schlachtbeginn errichtet waren.

Deshalb dürfte diese genannte Legion wohl abkommandiert worden sein, um den äußerst wichtigen Weserübergang zum Hauptverkehrsweg nach Bremen auf der anderen Weserseite durch eine Befestigung zu sichern, auf dem Germanicus wieder nach Bremen zurückkehren musste.

Gerade bei einem geplanten Weserübergang der Römer musste die Gefahr einer Attacke durch die germanischen Reiterverbände ausgeschlossen werden.

Zum Schlachtverlauf selbst ist zu sagen, dass die Römer wohl die Oberhand behielten unter erstmalig genanntem Einsatz der römischen Artillerie, nämlich den Wurfgeschützen oder Katapulten.[147]

Es ist jedoch davon auszugehen, dass beide Seiten erhebliche Verluste erlitten haben, wobei sie auf Seiten der Germanen erheblich höher gewesen sein dürften.

Wenn nämlich Germanicus nach Tacitus (Ann. II, 22,1) tatsächlich „erneut" einen solch glänzenden überwältigenden

Sieg „gegen die Völkerschaften zwischen Rhein und Elbe" erzielt hätte, dann wäre es für Germanicus aus politischen und militärischem Kalkül sinnvoll, sogar notwendig gewesen, an der Weser zu überwintern.

Sobald das Wetter es zulassen würde, hätte er dann im nächsten Frühjahr aus strategisch hervorragender Position endgültig bis zur Elbe vorstoßen müssen, um die letzten feindlichen Verbände der Arminius–Koalition zu vernichten.

Die eingespielte Logistik hätte auf dem Seeweg bis zum Winteranfang genügend Proviant zu den Nachschubdepots an der Weser bringen können, so dass somit die notwendige Versorgung der römischen Truppen gesichert wäre, zumal die germanischen Hilfstruppen im Winter in der Regel entlassen wurden.[148] Bis zum Winter hätten die Legionen auch die erforderlichen Lager für sich errichten können. Der vorzeitige Rückzug des Germanicus noch im Spätsommer widerlegt demnach die von Tacitus überzeichnete römische Siegesmeldung.[149]

Es könnte auffallend sein, dass bislang keine militärischen Überreste gefunden wurden, die die Lokalisierung der beiden großen Schlachtfelder aus der Großoffensive des Germanicus erleichtern bzw. bestätigen können.

Dabei ist jedoch zu berücksichtigen, dass die unbesiegten Römer kein für die Feinde verwertbares Kriegsmaterial auf den Schlachtfeldern liegen ließen und sie ihre gefallenen Soldaten ihrem Glauben und ihrem militärisch kameradschaftlichen Selbstverständnis entsprechend auf Scheiterhaufen verbrannten, um danach den Leichenbrand mit allen Ehren zu bestatten.[150] Dadurch verbrannten sie auch Ausrüstungsgegenstände der Toten.

Sollte dennoch nur irgendetwas für die Germanen Verwertbares von den Römern übersehen worden sein, so haben es die Germanen später an sich genommen, zumal wenn es sich dabei um für sie wertvolle umschmiedbare Eisenteile oder Buntmetallreste gehandelt haben sollte.[151]

Zusätzlich ist zu berücksichtigen, dass sich seitdem die Weserniederungen verändert haben und damals noch vorhandene Weserarme inzwischen längst verlandet sind.

In den Flussauen, in denen noch archäologisches Fundgut vermutet werden könnte, hat sich in der Zwischenzeit sehr viel Auelehm aus Feinsand, Ton, Schluff und anderen Stoffen abgelagert.[152]

Wie stark diese zwischenzeitlichen Auelehmüberlagerungen sind, konnte man beim Aushub für die Baugrube der Weserschleuse Langwedel unterhalb des Allerzuflusses Mitte des letzten Jahrhunderts feststellen. Dort fand man erst unter einer sieben bis acht Meter mächtigen Auelehmschicht den alten Talboden aus Kies und Sand. Auf diesem Boden stieß man neben bearbeiteten Baumstämmen auch auf einen Einbaum und einen Keramiktopf aus der Zeit um 200 n. Chr.[153] Auch oberhalb des Allerzuflusses weseraufwärts hat die Auelehmschicht eine noch durchschnittliche Mächtigkeit von drei Metern.[154]

Es ist daher im unmittelbaren Bereich der Weser nicht mit aussagekräftigen Funden aus den Kämpfen der Großoffensive im Jahre 16 n. Chr. zu rechnen.

Unmittelbar nach der Schlacht am sog. Angrivarier–Wall dürften sich dort die Römer noch einige Tage aufgehalten haben, um vor dem Rückmarsch des Heeres all das zu erledigen, was nach einer Schlacht erforderlich war: Erstversorgung der Verwundeten, Bestattung der Gefallenen, Instandsetzung von Waffen, Kleidung und sonstigem Gerät sowie Versorgung verwundeter oder kranker Pferde durch eigenes Veterinärpersonal.[155]

Inzwischen hatten sich nach Tacitus (Ann. II, 22,1) die Angrivarier den Römern bedingungslos ergeben und die erheblich geschwächten Cherusker unter Arminius hatten sich mit ihren übrigen Bundesgenossen völlig zurückgezogen.

Germanicus konnte also mit seinen Truppen ungefährdet den Rückmarsch zum Flottenstützpunkt in Bremerhaven antreten.

Nach der Überquerung der Weser bei Leese wird Germanicus auf der westlichen Weserseite die sechs Legionen, die von der Lippe nach Minden gekommen waren, wahrscheinlich auf dem gleichen Weg zurück in die Winterlager am Rhein geschickt haben, nachdem sie vorher noch ausreichend mit Proviant versorgt worden sein dürften.

Nach Auflösung der Nachschubbasis in Minden werden die Lastkähne erst noch das schwere Kriegsgerät, wie z. B. die Wurfgeschütze und Katapulte, die marschunfähigen Verwundeten und möglichst viel Gepäck zur Rückfahrt nach Bremerhaven an Bord genommen haben.

Auf einem ungefährdeten Rückmarsch nach Bremen werden ab dort außer den Chauken die Reiterverbände auf dem Landweg zum Rhein zurückgekehrt sein.

Germanicus selbst kam mit den Einheiten, die mit ihm auf dem Seeweg nach Bremerhaven gekommen waren, nach Überquerung der Bremer Weserfurt am Flottenstützpunkt an, von wo aus die Rückreise auf den Marinetransportern bzw. auf der Trireme des Germanicus angetreten wurde.

D. Nach den Schlachten und Fazit des Feldzuges

Die Flotte gerät in einen fürchterlichen Sturm

Von der Rückfahrt der „Classis Germanica" schildert Tacitus (Ann. II, 23, 24,1 - 3) wieder in dramaturgisch inszenierten Bildern den fürchterlichen Sturm, in den die Flotte geriet und die durch ihn verursachten Verluste an Menschen, Schiffen, Pferden, Waffen und Gepäck. Als Fazit fasst er es so zusammen: „Ein Teil der Schiffe ging unter, noch mehr strandeten an weiter entlegenen Inseln. Nur der Dreiruderer (Trireme) des Germanicus landete im Land der Chauken."

Das dürfte u. a. daran gelegen haben, dass das Schiff des Oberbefehlshabers als erstes die Heimreise antrat und es dadurch wahrscheinlich schon eine gewisse Strecke „sturmlos" zurückgelegt hatte, ehe der Sturm losbrach, so dass sich die Trireme noch rechtzeitig in Sicherheit bringen konnte. Bei erkennbar bevorstehendem Sturm hätte der erfahrene Kapitän auch mit Rücksicht auf den sehr bedeutenden Fahrgast aus dem Kaiserhaus niemals den sicheren Flottenstützpunkt Bremerhaven verlassen. Hinzu kommt noch, dass auf dem Admiralschiff die besten Seeleute der Flotte an Bord waren.

Nach Abflauen des Sturmes „kehrten schwer beschädigte Schiffe fast ohne Ruderwerk und mit zu Segeln ausgespannten Kleidern zurück" (Tacitus, Ann. II, 24,3).

Die Flotte muss insgesamt erhebliche Verluste erlitten haben, wenn Tacitus (Ann. II, 24,1) das Geschehen als Katastrophe von ungewöhnlicher Größe bezeichnet.

Vor allem die plattbödigen römischen Lastschiffe, die für die Großoffensive durch Umbauten, wie z. B. mit höheren Bordbrettern, „küstenseetauglich" zum Nachschubtransport hergerichtet wurden, dürften ein bevorzugtes Opfer des Sturmes gewesen sein.

Ihre fast rechteckige plattbödige Schiffsform ohne Kiel oder Schwert machte bereits das Kurshalten auf sturmfreier See bei leichtem Seitenwind nicht einfach.[156] Auch ihr niedriger Tiefgang wird das Kentern dieser Schiffe begünstigt haben.

Indem Tacitus (Ann. II, 24,1) von den feindlichen Küsten berichtet, zu dem der Sturm Teile der Flotte hintrieb, wo die Überlebenden gefangen genommen wurden, gibt er selbst einen Hinweis darauf, dass die Abfahrt der Flotte von der Wesermündung aus erfolgt sein musste. Wäre sie nämlich von der Emsmündung aus erfolgt, so wären die Schiffe in westlicher Richtung vor der friesischen oder in östlicher Richtung vor der Küste der Chauken gestrandet oder untergegangen. Beide Küstenbereiche waren aber keine feindlichen Küsten, sondern gehörten zu den mit den Römern befreundeten Stämmen.

Wenn also die Schiffe der Flotte vor Küsten strandeten, wo ihre überlebenden Besatzungen und mitfahrenden Soldaten von feindlichen Germanen gefangen genommen wurden, dann kann das nur bedeuten, dass die Flotte bei der Ausfahrt aus der Schlauchmündung der Weser vom Orkan in östliche Richtung getrieben wurde, in Richtung Cuxhaven und Nordfriesland. Das entspricht auch den üblichen heutigen Strömungsverhältnissen in der Deutschen Bucht.[157]

Tacitus (Ann. II, 24,3) berichtet ferner, dass Germanicus vom Sturm beschädigte Schiffe seiner Flotte eilig ausbessern ließ, um sie zur Rettung von gestrandeten Schiffbrüchigen einzusetzen.

Doch schwerbeschädigte Schiffe „fast ohne Ruderwerk und Segel“ können ohne das zur Reparatur notwendige Ersatzmaterial und ohne qualifizierte Schiffsbauer nicht „eilig“ irgendwo im Wattenmeer am Strand repariert werden.

Dies lässt nur darauf schließen, dass Germanicus mit seiner Trireme und später nach Abflauen des Sturmes auch die beschädigten Schiffe, die nicht zu weit abgetrieben waren, zu einem römischen Flottenstützpunkt mit eingelagertem Ersatzmaterial und genügend Proviant gekommen sein müssen, der den jeweiligen Schiffsführern natürlich bekannt war.

Es dürfte unwahrscheinlich sein, dass Germanicus wieder zurück zur Wesermündung nach Bremerhaven gefahren ist, denn davon hätte Tacitus berichtet.

Bei dem angefahrenen Landeplatz wird es sich mit großer Wahrscheinlichkeit um den Flottenstützpunkt im Mündungsschlauch der Ems beim niederländischen Seehafen Delfzijl gehandelt haben, der nach o.g. neuen Forschungsergebnissen wohl mit dem von Ptolemaios (Geographia 2, 12) genannten Ort Flevum identisch sein dürfte.

Es wird einige Zeit gedauert haben, bis dort die beschädigten Schiffe wieder repariert werden konnten, um von dort in die Winterquartiere am Rhein zurückzukehren. Es könnte durchaus sein, dass dieser Abfahrtsort an der Emsmündung später irrtümlich auch für den Anlandungsort der Flotte zu Beginn der Großoffensive angesehen wurde. Nicht nur durch die Schiffsreparaturen, sondern auch durch das mühsame Abfahren der Strände, um dort (nach Tacitus) gestrandete Römer zu bergen, dürfte sehr viel Zeit verloren gegangen sein.

Es muss daher schon lange Herbst gewesen sein, als Germanicus mit allen geretteten Überlebenden der Sturmkatastrophe wieder die Winterlager am Rhein erreicht haben dürfte.

Demonstration der ungebrochenen römischen Macht gegenüber den Chatten und Marsern

Zur Untermauerung des ungebrochenen Siegeswillens des Germanicus, die Germanen doch noch zu unterwerfen, lässt dieser nach Tacitus (Ann. II, 25,1) den Legaten Silius mit über 30 000 Soldaten gegen die Chatten ziehen, während

Germanicus selbst mit noch größerer Truppenstärke gegen die Marser ins Feld zog.

Doch es ist mehr als zweifelhaft, dass dies nach der verlustreichen Großoffensive sowohl von der erforderlichen Vorbereitungszeit her, als auch von der Zahl der einsatzfähigen Truppen logistisch überhaupt durchführbar war.

Es spricht vielmehr alles dafür, das Germanicus als erfahrener Heerführer die desolate Stimmung im Heer durch militärische Aktionen und andere Ablenkungsmanöver wieder heben wollte, denn in keinem Fall durften seine Soldaten in solcher Gemütsverfassung unbeschäftigt in den Winterquartieren bleiben. Aber auch für seine eigene Psyche waren diese militärischen Aktionen wichtig, da er ja nach Tacitus (Ann. II, 24,2) nur durch seine Freunde nach der Sturmkatastrophe am Selbstmord gehindert werden konnte.

Die Demonstration römischer Stärke durch Silius, dem Führer der Oberrheinarmee, gegenüber den Chatten war militärisch schlüssig, um diese von Übergriffen gegen die Römer abzuhalten, denn wie ein Lauffeuer wird die Kunde von den römischen Verlusten und über ihre derzeitige desolate Lage durch die germanischen Gaue gelaufen sein.

Zwar dürfte die von Tacitus genannte Stärke des römischen Truppenaufmarsches erheblich übertrieben worden sein, doch als beabsichtigte Abschreckung wird sie vollauf genügt haben.

Die gleiche Abschreckung bezweckte auch Germanicus mit seinem Truppenaufmarsch gegenüber den Marsern.

Gleichzeitig diente dieser Aufmarsch zur Ablenkung der Marser, um es einem kleinen römischen Spezialkommando zu ermöglichen, in geheimer Militäroperation hinter den feindlichen Linien aufgrund eines geheimen Hinweises einen weiteren verlorenen Legionsadler der untergegangenen Legionen des Varus innerhalb eines geheiligten Kultplatzes der Marser auszugraben und ihn dann sicher zu Germanicus zu bringen.

Die Symbolkraft dieser gelungenen spektakulären geheimen Kommandooperation muss, wie erhofft, alle römischen Truppen begeistert haben.

Psychologisch war diese Operation von ungeheuerem Wert: Gerade für Legionäre, für die ein Legionsadler gleichsam ein mystisch überhöhtes religiöses Symbol verkörperte, gerade also für sie, die auf den Legionsadler vereidigt wurden, musste die Rückeroberung eines Legionsadlers als Wiedergutmachung für die Totengeister der gefallenen Legionäre der Varusschlacht gelten, womit die gerade beendete Großoffensive trotz aller Verluste doch noch ihren heroischen Sinn erhielt.

Die Moral seiner Truppen verbesserte Germanicus zusätzlich auch noch dadurch, dass er ihnen, wie bereits schon im Vorjahr, auch diesmal wieder den ihnen persönlich erlittenen Schaden aus eigenen Mitteln ersetzte.

Darüber hinaus konnte Germanicus nun endlich nach den schlechten Nachrichten über die Ergebnisse und Verluste seiner Großoffensive mit der Rückeroberung des Legionsadlers dem Tiberius etwas Positives melden, was auch in großen Teilen Roms ebenfalls für Begeisterung gesorgt haben dürfte.

So schildert Tacitus (Ann. II, 41,1): „Am Schluss des Jahres (16 n. Chr.) wurde ein Triumphbogen neben dem Saturnustempel wegen der unter des Germanicus Anführung und des Tiberius Auspicien bewerkstelligten Wiedereroberung der unter Varus verlorenen Feldzeichen... geweiht."

Damit knüpfte Tiberius an das Vorbild des Augustus an, der propagandistisch gekonnt die Rückerstattung der von den Parthern eroberten Legionsadler feiern ließ.[158]

In seinen Berichten über den Verlauf der Großoffensive musste Germanicus selbstverständlich ausführlich und ungeschminkt vom verlustreichen Verlauf des Feldzuges berichten, der bereits im Vorfeld enorme Geldsummen verschlungen hatte.

So schätzt der Althistoriker P. Kehne die römischen Verluste der dreijährigen Germanicus–Feldzüge auf 20 - 25 % der Gesamtstreitkräfte von ca. 100 000 Mann.[159]

Germanicus konnte bei diesen hohen Verlusten, auch was die Flotte betraf, dem Tiberius nichts vormachen, der nach eigenem Bekunden „vom göttlichen Augustus neunmal nach Germanien gesandt worden sei und mehr durch Überlegung als durch Gewalt erreicht habe“ (Tacitus, Ann. II, 26,3).

Als Germanicus gleichzeitig mit diesen „Frontberichten“ sich von Tiberius noch ein weiteres Jahr ausbat, um Arminius dann endgültig zu besiegen, zog Tiberius aus verschiedensten Gründen gleichsam die Notbremse und verweigerte ihm diesen Feldzug und befahl ihm gleichzeitig nach Rom zurückzukehren.

Über die Beweggründe des Tiberius, den Germanicus gegen dessen Willen noch vor einem weiteren Feldzug gegen Arminius zum Jahresbeginn 17 n. Chr. von dessen Amt als Statthalter der Provinz „Tres Galliae“ und Oberbefehlshaber der beiden Rheinarmeen abzuberufen (Tacitus, Ann. II, 26,2 - 5), wurde und wird in der Forschung viel diskutiert.[160]

Tacitus unterstellt dem Tiberius bei seiner Abberufung des Germanicus u. a. Missgunst und Angst vor einem potentiellen Rivalen. Tiberius soll aber durch den Hinweis auf seine eigenen militärisch und diplomatisch erfolgreichen Germanieneinsätze auch sein ausgesprochenes Missfallen an der sehr leichtsinnigen, äußerst verlustreichen und sehr kostspieligen Kriegsführung des Germanicus zum Ausdruck gebracht haben.

Besonders habe Tiberius den Germanicus darauf hingewiesen, „welche schwerwiegenden und furchtbaren Schäden Wind und Wellen, ohne Schuld des Feldherrn verursacht hätten“. Auch wenn Tiberius nach außen hin die enormen Verluste der Römer durch die Herbststürme mit höherer Gewalt begründen will, so wird er aber diplomatisch „zwischen den Zeilen“ zu verstehen gegeben haben, gerade in diesem Punkt ein unbesonnenes Verhalten und damit ein militärisches Versagen von Germanicus als Oberbefehlshaber zu sehen.

Bereits im Vorjahr, Im Herbst des Jahres 15 n. Chr., wurde während des Rückmarsches entlang der friesischen Nordseeküste nach Tacitus (Ann. I, 70, 2) „der Heereszug von einem heftigen Nordwind ergriffen und fortgerissen, der zur Zeit der Tag- und Nachtgleiche hereinbrach, wodurch das Meer am meisten anschwillt". Selbst damals hätte Germanicus um die besondere Gefahr von Herbststürmen an den Nordseeküsten wissen müssen, denn das Wetterphänomen, das besonders um die Tag- und Nachtgleiche dort die gefürchteten Herbststürme einsetzen, war den Römern schon seit Jahrzehnten bekannt.

Schon Caesar (De bello Gallico 5, 23, 5) weist darauf wie folgt hin: „Damit ihm (Caesar) aber dann bei der nahe bevorstehenden Tag- und Nachtgleiche die Jahreszeit die Rückfahrt nicht unmöglich mache," trat er 54 v. Chr. vorzeitig von Britannien aus die Rückfahrt zum Festland an.

Varus und seine Legionen, die sich um den 23.9., also um die Tag- und Nachtgleiche, auf dem Weg zum Kultfest der Istwäonen befanden, waren nach Cassius Dio (56, 20, 3; 21, 3) ebenfalls strömenden Regen und heftigen Stürmen ausgesetzt.

Tiberius dürfte daher zu recht darüber empört gewesen sein, dass Germanicus aus all dem keine entsprechenden Lehren gezogen zu haben schien und nicht rechtzeitig genug vor den zu erwartenden Herbststürmen mit der Flotte die Rückfahrt über die Nordsee angetreten habe. Vielmehr habe er sich vom listenreichen Strategen Arminius dazu hinreißen lassen, die Großoffensive zu spät beginnen und zu spät beenden zu lassen.[161]

Auch die außerordentliche Brutalität seiner Kriegsführung gegenüber den feindlichen germanischen Stämmen mit Massakern an der Zivilbevölkerung, die einem hemmungslosen Vernichtungskrieg nahe kam, und dadurch den Widerstand der feindlichen Stämme erst recht verstärkte, dürfte von

Tiberius, der klug und besonnen als siegreicher Feldherr in Germanien agiert hatte, auf starke Ablehnung gestoßen sein.

In diesem Zusammenhang erwähnt Tacitus (Ann. II, 26,3) den oft zitierten Ausspruch des Tiberius: „Man könne die Cherusker und die übrigen rebellischen Stämme nun, da Rom Rache genommen habe, ihren inneren Zwistigkeiten überlassen."

Die weitere innenpolitische Entwicklung in den betreffenden germanischen Stämmen sollte ihm in diesem Punkt ja auch Recht geben.

Umstritten blieb lange die Frage, ob Tiberius mit dem Abzug des Germanicus der römischen Eroberung des freien Germaniens ein Ende setzen wollte, und damit eine militärisch–außenpolitische Wende in der Germanienfrage vollzog, oder ob er keinen endgültigen Verzicht auf die Okkupation Germaniens beabsichtigte.[162]

Doch aufgrund eines in Spanien gemachten, für diese Frage bedeutsamen Neufundes, der sog. „Tabula Siarensis" aus dem Jahre 19 n. Chr., die die öffentiche Ehrung des im gleichen Jahr in Antiochia in der Provinz Syrien verstorbenen Germanicus zusammenfasst, kommt G. A. Lehmann zu dem überzeugenden Ergebnis, dass bereits für die Jahre 16/ 17 n. Chr. durch diese offizielle Verlautbarung der römische Verzicht auf die Okkupation des freien Germaniens zumindest für die Aera des Tiberius bestätigt werde.[163]

Nach der Rückkehr des Germanicus nach Rom ließ ihm dort Tiberius als versöhnliche Geste und zur „Gesichtswahrung" am 26. Mai 17 n. Chr. einen Triumphzug als große Siegesfeier „über die Cherusker, Chatten und Angrivarier sowie die anderen Stämme, die das Land bis zur Elbe bewohnen" (Tacitus, Ann. II, 41,2), ausrichten.

Sarkastisch merkt Tacitus an gleicher Stelle dazu an: „Da es untersagt war, den Krieg zu Ende zu führen, nahm man ihn als beendet an".

Dem Tacitus ist insofern zu folgen, als nach der Abberufung des Germanicus der Rhein gegenüber den Rom feindlichen Stämmen für lange Zeit die militärische Grenze des römischen Imperiums blieb.

Daraus darf dann aber nicht der falsche Schluss gezogen werden, dass es später keine römischen Militärexpeditionen mehr ins freie Germanien gegeben habe. So führte u.a. Kaiser Domitian (81–96 n.Chr.) mehrere Feldzüge gegen die Chatten, dadurch konnte er die Grenze im Norden bis in die Wetterau vorschieben und damit auch germanisches Gebiet erobern.[164] Das erst 2008 entdeckte römisch-germanische Schlachtfeld am Harzhorn bei Kalefeld im Landkreis Northeim lässt auf Grund des Fundspektrums darauf schließen, dass auch am dortigen Pass im zweiten Viertel des 3. Jahrhunderts eine Schlacht zwischen Römern und Germanen stattfand.[165]

Fazit des Feldzuges

Zum Feldzug des Germanicus im Jahre 16 n. Chr. gegen Arminius stellt aus archäologischer Sicht J. S. Kühlborn resignierend fest: „Zu den ungelösten Problemen der westfälischen und niedersächsischen Archäologie zählt man nach wie vor, dass es aus archäologischer Sicht keine fassbaren Hinterlassenschaften der Feldzüge des Germanicus gibt.

Weder Militärlager noch verstreute Einzelfunde im Lande können gesichert mit den Kriegszügen des Germanicus in Verbindung gebracht werden. Vor dem Hintergrund, dass eine riesige, aus acht Legionen und weiteren Truppenverbänden bestehende Streitmacht in Germanien stand, erscheint das Fehlen an archäologischen Indizien aus diesen Jahren im höchsten Maße befremdlich.“[166]

Es bleibt daher nur die Hoffnung, dass es in möglichst rascher Zukunft archäologisch gelingen wird, diese noch fehlenden Indizien aufzufinden.

Aus heutigem historischen Rückblick betrachtet ist anzumerken, dass die nachfolgende Geschichte Europas anders verlaufen wäre, wenn es Germanicus mit seiner Großoffensive damals gelungen wäre, Arminius endgültig zu besiegen und die feindlichen Stämme vollständig und dauerhaft zu unterwerfen. Die Elbe wäre dann die gesicherte Grenze des römischen Imperiums geworden.

Es gibt daher gewichtige und überzeugende historische Gründe, erst das Entscheidungsjahr 16 n. Chr. als Wendepunkt in der Geschichte anzusehen.[167]

Von der Varusschlacht im Jahre 9 n. Chr. würden nur wenige Fachgelehrte wissen, dass es sich dabei um eine für die Römer schmerzliche, verlustreiche Schlacht gehandelt habe. Eine traurige, unerfreuliche Episode innerhalb der glanzvollen erfolgreichen Expansion im heutigen Deutschland.

Insofern wird dem Feldzug des Germanicus gegen Arminius im Jahre 16 n. Chr. mit den beiden Hauptschlachten bei Idistaviso und am sog. Angrivarier–Wall historisch zu Unrecht ein viel zu geringer geschichtlicher Stellenwert zugemessen, falls diese Schlachten überhaupt bekannt sind.

Vielleicht kann die vorliegende Schrift dazu beitragen, dass sich dies möglicherweise bis zum Gedenken dieser Schlachten im Jahre 2016 nach dann zweitausend Jahren doch noch ändert.

Anmerkungen

1 siehe hierzu auch BREPOHL, W.: Neue Überlegungen zur Varusschlacht, Münster 2011 (3. Aufl.)

2 TIMPE, D.: Stichwort: Germanen, Germania, Germanische Altertumskunde, in: HOOPS, J. (Hg.): Reallexikon der Germanischen Altertumskunde, Bd. 11, Berlin, New York 1998, S. 222. Eine andere Ansicht vertritt: RIEMER, U.: Die römische Germanienpolitik, Darmstadt 2006, S. 57,60

3 LEHMANN, G. A.: Zum Problem des römischen „Verzichts" auf die Okkupation Germaniens – von der Varus–Katastrophe 9 n. Chr. zu den „res gestae" des Germanicus Caesar in der Tabula Siarensis (19 n. Chr.), in: TRIER, B. (Hg.): Die römische Okkupation nördlich der Alpen zur Zeit des Augustus, in: Bodenaltertümer Westfalens, Bd. 26, Münster 1991, S. 220. KEHNE, P.: Stichwort: Germanicus, in: HOOPS, J. (Hg.): (wie Anm. 2), S. 440

4 Im Folgenden werden die antiken Schriftquellen zitiert in der Übersetzung von GOETZ, H. W., WELWEI, K. W. (Hg.): Altes Germanien, I. u. II. Teil, Darmstadt 1995

5 LEHMANN, G. A.: (wie Anm. 3), S. 220 f. ECK, W.: Augustus und seine Zeit, München 2003 (3. Aufl.), S. 98. WIEGELS, R.: Immensum bellum ein „gewaltiger Krieg", in: WIEGELS, R. (Hg.): Die Varusschlacht, Stuttgart 2007, S. 121. WOLTERS, R.: Kalkriese und die Datierung okkupationszeitlicher Militäranlagen, in: LEHMANN, G. A., WIEGELS, R. (Hg.): Römische Präsenz und Herrschaft im Germanien der augusteischen Zeit, Göttingen 2007, S. 141. ECK, W.: Eine römische Provinz. Das augusteische Germanien links und rechts des Rheins, in: LWL-Römermuseum Haltern am See (Hg.): 2000 Jahre Varusschlacht. Imperium, Stuttgart 2009, S.188. WOLTERS, R.: Rache, Anspruch und Verzicht. Die römische Germanienpolitik nach der Varuskatastrophe, in: LWL-Römermuseum Haltern am See (Hg.): 2000 Jahre Varusschlacht. Imperium, Stuttgart 2009, S. 210 u. 212

6 LEHMANN, G. A.: Die Varus–Katastrophe aus der Sicht des Historikers, in: TRIER, B. (Hg.): 2000 Jahre Römer in Westfalen, Mainz 1989, S. 85. TIMPE, D.: (wie Anm. 2), S. 222. ECK, W.: (wie Anm. 5), S. 98. MOMMSEN, TH.: Römische Geschichte, Bd. 6, München 1976 (2. Aufl.), S. 48

7 siehe BREPOHL, W.: (wie Anm. 1), S. 57 ff.

8 LEHMANN, G. A.: (wie Anm. 3), S. 220

9 LEHMANN, G. A.: Das Ende der römischen Herrschaft über das „westelbische“ Germanien: von der Varus–Katastrophe zur Abberufung des Germanicus Caesar 16/17 n. Chr., in: WIEGELS, R., WOESLER, W. (Hg.): Arminius und die Varusschlacht, Paderborn 1995, S. 139

10 WIEGELS, R.: Die Varusschlacht ein ungelöstes Rätsel?, in: (wie Anm. 5), S. 19

11 DELBRUECK, H.: Geschichte der Kriegskunst. Die Germanen. Hamburg 2003 (Nachdruck der Neuausgabe 2000), S. 67

12 LEHMANN, G. A.: Tacitus und die Dokumente – einige Überlegungen, in: LEHMANN, G. A., WIEGELS, R. (Hg.): (wie Anm. 5), S. 428. MAUERSBERGER, R. A.: Tacitus Germania, Frankfurt 1980, S. 15 f.

13 BREPOHL, W.: (wie Anm. 1), S. 14 f. TIMPE, D.: (wie Anm. 2), S. 223 f. WOLFRAM, H.: Die Germanen, München 1995 (2. Aufl.), S. 42. MOMMSEN, TH.: (wie Anm. 6), S. 47

14 BREPOHL, W.: (wie Anm. 1), S. 116. SALAĆ, V., v. CARNAP-BORNHEIM, C.: Ritual, Politik, Kommunikation. Oder: Was geschah mit dem Kopf des Publius Quinctilius Varus? in: Landesverband Lippe (Hg.): 2000 Jahre Varusschlacht. Mythos, Stuttgart 2009, S. 124f. ter VRUGT, J.: Stichwort Manes, in: Lexikon der Alten Welt, Düsseldorf 2001, Bd. 2, Sp. 1839. ELIADE, M.: Geschichte der religiösen Ideen, Freiburg 1994 (2. Aufl.), Bd. 2, S. 107f.

15 Im lateinischen Original steht „ad amnem Visurgin“, siehe: GOETZ, H. W., WELWEI, K. W. (Hg.): (wie Anm. 4), II Teil, S. 96. In dortiger Fußnote 27 wird zu Recht bestritten, dass es sich hierbei um die Weser handeln kann, deswegen ist in der Übersetzung „Weser“ ausgelassen. Es könnte sich entweder um eine Verwechslung von „Visurgis“ und „Vidros“ oder um einen Schreibfehler gehandelt haben. Doch der Fluss „Vidros“ wird heute überwiegend mit dem niederländischen Fluss „Vecht“ gleichgesetzt (so: KLEINEBERG, A., MARX, CH., KNOBLOCH, E., LELGEMANN, D.: Germania und die Insel Thule. Die Entschlüsselung von Ptolemaios „Atlas der Oikumene“, Darmstadt 2010, S. 34).
Die Mündung der Vecht ist aufgrund der räumlichen Entfernung

zur Emsmündung als fraglicher Fluss hier auszuschließen. Nach der hier vertretenen Auffassung dürfte es sich bei der von Tacitus erwähnten Anlandungsstelle der Flotte um den Hafen Maramanis handeln. Aufgrund neuer Analysen und Berechnungen der antiken von Ptolemaios genannten Koordinaten wird inzwischen von KLEINEBERG: (siehe oben) S. 41 dieser Hafen an der Lauwerszee an der Nordsee nordwestlich von Groningen vermutet. Aufgrund der räumlichen Entfernung zum Auslandungsort der zwei Legionen am Mündungsschlauch der Ems würde Maramanis dem zeitlichen Geschehensablauf bei Tacitus entsprechen.

16 ROTHENHOEFER, P.: Metalla pretium victoriae - Neue Erkenntnisse zum römischen Bergbau in Germanien während der Okkupationsphase, in: KOEHNE, R., REININGHAUS, W., STOELLNER, Th. (Hg.): Bergbau im Sauerland. Westfälischer Bergbau in der Römerzeit und im Frühmittelalter, Münster 2006, S. 12 - 15 MOOSBAUER, G., RASBACH, G.: Germanische Besiedlung und Verkehrswege, in: WIEGELS, R. (Hg.): (wie Anm. 5), S. 41. ECK, W.: (wie Anm. 5 ECK 2009), S.194f.

17 ROTHENHOEFER, P.: (wie Anm. 16), S. 5 u. 10. HORN, H. G.: Was ist wahr an Varus? Eine Frage ohne klare Antworten, in: HORN, H. G., HELLENKEMPER, H., ISENBERG, G., KUNOW, J. (Hg.): Von Anfang an, Archäologie in Nordrhein–Westfalen, Mainz 2005, S. 116. ECK, W.: (wie Anm. 5 ECK 2009), S.194f.

18 ROTHENHOEFER, P.: (wie Anm. 16), S. 15 f. Dies wird auch nicht mehr ausgeschlossen von: KUEHLBORN, J. S.: Zwischen Herrschaftssicherung und Integration, in: WIEGELS, R. (Hg.): (wie Anm. 5), S. 92. KUEHLBORN, J. S.: Die Ausgrabungen in den frühen kaiserzeitlichen Militäranlagen an der Lippe in: LEHMANN, G. A., WIEGELS, R. (Hg.): (wie Anm. 5), S. 211. Zum Römerlager Kneblinghausen siehe: RUDNIK, B.: Kneblinghausen, Römerlager in Westfalen 1, Münster 2008, S.26ff.

19 ROTHENHOEFER, P.: (wie Anm. 16), S. 17

20 HEICHELHEIM, F. H.: Römische Sozial– und Wirtschaftsgeschichte, in: VALJAVEC, F.: Historia Mundi, Bd. 4, Bern 1956, S. 451

21 MILLAR, F.: Die Kaiser, in: MILLAR, F. (Hg.): Das römische Reich und seine Nachbarn, Frankfurt 1973, 3. Aufl. S. 47 u. 61

22 ECK, W.: (wie Anm. 5), S. 78 f. WIEGELS, R.: (wie Anm. 10), S. 16. NEUMANN, A.: Stichwort: Exercitus, in: ZIEGLER, K.,

SONTHEIMER, W. (Hg.): Der kleine Pauly, München 1979, Sp. 481. ECK, W.: Die römischen Provinzen. Herrschaft und Verwaltungspraxis in der frühen Kaiserzeit, in: LWL-Römermuseum Haltern am See (Hg.): 2000 Jahre Varusschlacht. Imperium, Stuttgart 2009, S.142ff.

23 ECK, W.: (wie Anm. 5), S. 79 f., 85

24 HEICHELHEIM, F. H.: (wie Anm. 20), S. 454. ECK, W.: (wie Anm. 5), S. 83 ff. WOLTERS, R.: Die Römer in Germanien, München 2000, S. 77

25 WOLTERS, R.: (wie Anm. 5), S. 146. WOLTERS, R.: (wie Anm. 24), S. 77. ECK, W.: (wie Anm. 5), S. 83 f. ILISCH, P.: Geld und Sold, in: TRIER, B. (Hg.): (wie Anm. 6), S. 162. GECHTER, M.: Das römische Heer der Provinz Niedergermaniens, in: HORN, H. G. (Hg.): Die Römer in NRW, Stuttgart 1987, S. 125 f. Auch wenn es sehr problematisch ist, den heutigen Geldwert für einen zeitgenössischen Denar (= vier Sesterzen = sechzehn Asse) zu ermitteln, ist zu erwähnen, dass KLAUSMEIER, A.: Messen, Wiegen, Zählen, Herrsching 1991, S. 44 (vor der Euro–Einführung) den Wert des Denars mit drei DM angibt. Entgegen der älteren Auffassung sprechen konkrete Hinweise dafür, dass es sich bei der Ausrüstung eines römischen Soldaten um dessen Privateigentum handelte, für das er selbst aufkommen musste. Das dafür benötigte Geld dürfte er wohl als Vorschuss erhalten haben, das dann später vom Sold einbehalten wurde. Siehe: NICOLAY, J.A.: Bürger Roms. Germanische Heimkehrer aus dem römischen Militärdienst, in: Varusschlacht im Osnabrücker Land GmbH. – Museum und Park Kalkriese (Hg): 2000 Jahre Varusschlacht. Konflikt, Stuttgart 2009, S.260. MILLAR: (wie Anm. 21) S. 121, der darauf hinweist, dass die Legionäre ihre Kleidung, Waffen und Zelte selbst bezahlen mussten. Siehe auch Tacitus (Anm. I, 17).

26 SCARDIGLI, B.: Stichwort: Germanen, Germania, Germanische Altertumskunde, in: HOOPS, J.: (wie Anm. 2), S. 248. GECHTER, M.: (wie Anm. 25), S. 114. MOOSBAUER, G., KUEHLBORN, J. S., RASBACH, G.: Kommunikationslinien, in: WIEGELS, R. (Hg.): (wie Anm. 5), S. 47. HEINRICHS, J.: Vor dem Oppidum Ubiorum, in: LEHMANN, G. A., WIEGELS, R. (Hg.): (wie Anm. 5), S. 261, Fußn. 83. Münzfunde bezeugen, dass das Flottenlager zwischen 14 - 16 n. Chr. schon belegt war.

27 VIERECK, H. D. L.: Die römische Flotte, Herford 1975, S. 247 GECHTER, M.: (wie Anm. 25), S. 114. LEHMANN, G. A.: (wie Anm. 6), S. 86

28 RUGE, R.: Stichwort: Flußflottillen, in: Lexikon der Alten Welt, Bd. 1, Düsseldorf 2001, Sp. 987. VIERECK, H. D. L: (wie Anm. 27), S. 226

29 WENSKUS, R.: Stichwort: Chauken, in: HOOPS, J. (Hg.): (wie Anm. 3), Bd. 4, Berlin, New York 1981, S. 395 nennt „Amisia" als Konjektur aus „Mosa". DELBRUECK, H.: (wie Anm. 11), S. 60, Fußn. 4, in der er auch für „Mosa" den Flussnamen „Amisa" annimmt.

30 MOOSBAUER, G., KUEHLBORN, J. S., RASBACH, G.: (wie Anm. 26), S. 47

31 siehe: BREMER, E.: Die Nutzung des Wasserweges zur Versorgung der römischen Militärlager an der Lippe, in: Siedlung und Landschaft in Westfalen, Bd. 31, Münster 2001. MOOSBAUER, G., KUEHLBORN, J. S., RASBACH, G.: (wie Anm. 26), S. 45

32 TIMPE, D.: Geographische Faktoren und politische Entscheidungen in der Zeit der Varusschlacht, in: WIEGELS, R., WOESLER, W. (Hg.): (wie Anm. 9), S. 18 u. 22. SCHAEFER, CH.: Alte und neue Wege. Die Erschließung Germaniens für die römische Logistik, in: LWL-Römermuseum Haltern am See (Hg.): 2000 Jahre Varusschlacht. Imperium, Stuttgart 2009, S.206ff.

33 SCHRADER, E.: Die Landschaften Niedersachsens- Ein topographischer Atlas, Hannover 1965 (3. Aufl.), Teil I A

34 HOECKMANN, O.: Antike Seefahrt, München 1985, S. 153 Zur Forschungssituation: MOREL, J. M. A.: Die Entwicklung der frühen römischen Militärhäfen in Nordwesteuropa, in: TRIER, B. (Hg.): (wie Anm. 3), S. 151 ff. Selbst wenn die örtlich vorgefundenen natürlichen Anlegemöglichkeiten für die römische Flotte nicht sehr gut waren, stellte das für die römischen Pioniere kein unüberwindliches Problem dar, selbst nicht im Bereich von Meeresküsten. So gibt Vitruv, der in frühaugusteischer Zeit für die Entwicklung und Unterhaltung von Kriegsmaschinen, für Brückenbau und Transportfahrzeuge mit zuständig war, in seinem Alterswerk „De architectura" genaue Anleitungen zum Bau von Anlegestellen in Seehäfen auch bei örtlich schwierigen Voraussetzungen. (STUERZENACKER, E (Hg.): Marcus Vitruvius Pollio: Über die

Baukunst, Essen 1938, 5. Buch (öffentliche Bauten), 12. Kapitel, Nr. 1. und 2.)

35 KUEHLBORN, J. S.: Zur archäologisch-historischen Einordnung der Marschlager von Holsterhausen, in: LWL-Archäologie für Westfalen (Hg.): Augusteische Marschlager und Siedlungen des 1. u. 9. Jahrh. in Dorsten-Holsterhausen, Mainz 2009, S. 157f.

36 KLEINEBERG, A.: (wie Anm. 15) S. 41; zum alten Emsverlauf: SCHRADER: (wie Anm. 33) Nr. 12

37 Das Verb „sufficere" wird intransitiv mit „ausreichen, genügen" jedoch transitiv mit „nachfügen, ergänzen" übersetzt

38 so u. a.: GOETZ, H. W., WELWEI, K. W. (Hg.): (wie Anm. 4), II Teil, S. 99

39 so u. a.: POLENZ, H.: Römer und Germanen in Westfalen, Münster 1985, S. 53. KEHNE, P.: (wie Anm. 3), S. 443

40 DURANT, W.: Der Principat, in: Kulturgeschichte der Menschheit, Bd. 8, Lausanne o. J., S. 211. Zum System der Straßenrelaisstationen: ECK, W.: (wie Anm. 5), S. 76 f. SALAĆ, V., CARNAP-BORNHEIM v. C.: (wie Anm. 14), S. 130 gehen davon aus, dass die Kaiserkuriere in der römischen Kaiserzeit pro Tag etwa 79–90 km zurücklegten. PECARY, TH.: Stichwort: Verkehr, in: Lexikon der Alten Welt, Düsseldorf 2001, Sp. 3217f.; zur kaiserlichen Post: Millar: (wie Anm. 21) S. 99f.

41 VIERECK, H. D. L.: (wie Anm. 27), S. 27. WEEBER, K.W.: Smog über Attika. Umweltverhalten im Altertum, Reinbek 1993, S. 33.

42 VIERECK, H. D. L.: (wie Anm. 41)

43 HORN, H. G.: Das Leben im römischen Rheinland, in: HORN, H. G. (Hg.): (wie Anm. 25), S. 150. RASBACH, G., HUESSEN, C. M.: Römische Welt in Stadt und Land, in: v. FREEDEN, U., v. SCHNURBEIN, S. (Hg.): Germanica, Augsburg 2006, S. 251

44 HOECKMANN, O.: (wie Anm. 34), S. 156; Selbst für die optimale Ausrichtung von Schiffswerften gibt Vitruv (wie Anm. 34) 5. Buch, 12. Kpt., Nr. 7 entsprechende Anweisung.

45 VIERECK, H. D. L.: (wie Anm. 27), S. 28. NEUBURGER, A.: Die Technik des Altertums, Leipzig 1981 (Nachdruck der 4. Aufl. von 1919), S. 491

46 VIERECK, H. D. L.: (wie Anm. 27), S. 27. MOOSBAUER, G., KUEHLBORN, J. S., RASBACH, G.: (wie Anm. 26), S. 48. NEUBURGER, A.: (wie Anm. 45), S. 491

[47] BREMER, E.: (wie Anm. 31), S. 53. HOECKMANN, O.: (wie Anm. 34), S. 139. MOOSBAUER, G., KUEHLBORN, J. S., RASBACH, G.: (wie Anm. 26), S. 54. JASCHKE, K.: Tonnenweise Getreide. Die Versorgung der römischen Legionslager an der Lippe, in: LWL-Römermuseum Haltern am See (Hg.): 2000 Jahre Varusschlacht. Imperium, Stuttgart 2009, S.199ff.

[48] BREMER, E.: (wie Anm. 31), S. 63 ff. Über das Schiffswrack in Vleuten-DeMeer in Utrecht siehe: JASCHKE, K.: (wie Anm. 47), S.200f.

[49] OPLADEN-KAUDER, J.: Das römerzeitliche Plattbodenschiff von Xanten-Wardt, in: HORN, H.G., HELLENKEMPER, H., KOSCHIK, H., TRIER, B. (Hg.): Ein Land macht Geschichte, Archäologie in Nordrhein-Westfalen, Köln 1995, S. 220 ff.

[50] BREMER, E.: (wie Anm. 31), S. 69, 71, 73 ff. Zur militärischen Nutzung ziviler Lastschiffe siehe auch: JASCHKE, K.: (wie Anm. 47), S.201f.

[51] BREMER, E.: (wie Anm. 31), S. 85

[52] VIERECK, H. D. L.: (wie Anm. 27), S. 86. Zum Nachbau eines einreihigen römischen Militärschiffes (Typ Oberstimm) siehe: ASSKAMP, R., SCHAEFER, CH. (Hg.): Projekt Römerschiff, Hamburg 2008 und SCHAEFER, CH: (wie Anm. 32), S. 207f.

[53] VIERECK, H. D. L.: (wie Anm. 27) , S 34 ff. HOECKMANN, O.: (wie Anm. 34) S. 114. HERZOG, P.: Stichwort: Flottenwesen, in: CANIK, H., SCHNEIDER, E. (Hg.): Der neue Pauly, Stuttgart, Weimar o. J. Bd. 4, Sp. 571. HAUSEN, J.: Schiffbau in der Antike, Herford 1979, S. 161

[54] VIERECK, H. D. L.: (wie Anm. 27), S. 38

[55] LANDELS, J. G.: Die Technik in der alten Welt, Gütersloh o. J., S. 181. HOECKMANN, O.: (wie Anm. 34), S. 118. VIERECK, H. D. L.: (wie Anm. 27) S. 159. Die Marinesoldaten verstanden sich auch selbst in der Regel nicht als Seemänner, sondern als Soldaten. So weist LE BOHEC, Y.: Die römische Armee. Ihre Organisation von augusteischer Zeit bis zur Regierung Diolectians, in: Varusschlacht im Osnabrücker Land GmbH. – Museum und Park Kalkriese (Hg): 2000 Jahre Varusschlacht. Konflikt, Stuttgart 2009, S.236 darauf hin, dass man in ihren Epitaphien (Grabinschriften) niemals die Bezeichnug Seemann (nauta), sondern immer Soldat (miles) findet. NEUBURGER: (wie Anm. 45) S. 488

56 ELLMERS, D.: Stichwort: Rudereinrichtung, in: HOOPS, J. (Hg.): (wie Anm. 2), Bd: 25, Berlin, New York 2003, S. 400. HAUSEN, J.: (wie Anm. 53), S. 152. VIERECK, H. D. L.: (wie Anm. 27), S. 238. HOECKMANN, O.: (wie Anm. 34), S. 135

57 GECHTER, M.: (wie Anm. 25), S. 115. HOECKMANN, O.: (wie Anm. 34), S. 124. MOOSBAUER, G., KUEHLBORN, J. S., RASBACH, G.: (wie Anm. 26), S. 47

58 WOLTERS, R.: (wie Anm. 24), S. 76. KEHNE, P.: (wie Anm. 3), S. 444. SCHLETTE, F.: Auf den Spuren unserer Vorfahren, Berlin 1988, S. 101. Dies deckt sich mit früheren Berechnungen des ehemaligen Generalstabsoffizieres J. NORKUS, der die bei der Großoffensive eingesetzten römischen Streitkräfte auf ca. 91 000 Mann schätzt und die Anzahl der Pferde mit 20 000 angibt: NORKUS, J.: Die Feldzüge der Römer in Nordwestdeutschland in den Jahren 9 - 16 n. Chr. von einem Soldaten gesehen, Hildesheim 1963, S. 24. Norkus war „ein in moderner Logistik erfahrener Generalstabsoffizier des Zweiten Weltkrieges“, so: HORSTMANN, W.: Die Römer an der Weser, in: Mitteilungen des Mindener Geschichtsvereines, Jg. 51, Minden 1981, S. 9. MOMMSEN, TH.: (wie Anm. 6), S. 56

59 STEUER, H.: Besiedlungsdichte, Bevölkerungsgrößen und Heeresstärken, in: LEHMANN, G. A., WIEGELS, R. (Hg.): (wie Anm. 5), S. 358 f.

60 so u. a.: GOETZ, H. W., WELWEI, K. W. (Hg.): (wie Anm. 4) II. Teil, S. 106, Fußn. 46. WOLFRAM, H.: Die Germanen, München 1995 (2. Aufl.), S. 44. HANSLIK, R.: Stichwort: Germanicus, in: ZIEGLER, K., SONTHEIMER, W. (Hg.): (wie Anm. 22), Sp. 769 STADE, K.: Die Römer in Deutschland, in: PUTZGER, F. W.: Historischer Weltatlas, Berlin 1974 (98. Aufl.), S. 34 f. KINDE, H., HILGEMANN, W.: dtv–Atlas zur Weltgeschichte, Bd. 1, München 1965 (2. Aufl.), S. 96

61 NORKUS, J.: (wie Anm. 58), S. 89

62 STADE, K.: (wie Anm. 60), S. 34 f.

63 dazu: KUEHLBORN, J. S.: Zur Geschichte des Lagers Oberaden, in: Bodenaltertümer Westfalens, Bd. 37, Münster 1992, S. 126 (mit ausführlicher Literaturangabe). BREMER, E.: (wie Anm. 31), S. 13 BREPOHL, W.: (wie Anm. 1), S. 24. GECHTER, M.: (wie Anm. 25), S. 128 f. NORKUS, J.: (wie Anm. 58), S. 30. siehe auch: JUNKELMANN, M.: Die Reiter Roms (3 Bände), Mainz 1990,

1991 und 1992. JASCHKE, K.: (wie Anm. 47), S. 196ff.

64 GECHTER, M.: (wie Anm. 25), S. 128

65 Generelle Aussagen zu antiken Flussangaben bei Tacitus, siehe: CALLIES, H.: Bemerkungen zur Varusschlacht, in: WIEGELS, R., WOESLER, W. (Hg.): (wie Anm. 9) S. 179

66 so u. a.: TIMPE, D.: (wie Anm. 6), S. 224. DELBRUECK, H.: (wie Anm. 11), S. 121f;

67 GILLIVIER, K.: Auf dem Weg zum Imperium, Hamburg 2007, S. 84ff.

68 SCHRADER, E.: (wie Anm. 33), Nr. 127. SPECKELMEYER, G.: Stichwort: Minden, in: HOOPS, J. (Hg.): (wie Anm. 2), Bd. 20, Berlin, New York 2002, S. 44. Auch wenn die Römer teils sterotyp die Unwirtlichkeit der germanischen Lande und die für ihre großen Truppenmärsche mangelhafte Verkehrsinfrastruktur beklagen, so darf man dabei nicht vergessen, dass es seit der Bronzezeit in Mitteleuropa ein organisches und funktionierendes Wegenetz unter Einschluss des Wasserweges gegeben hat. Auch wenn die Mittelgebirge von Wäldern und große Bereiche der Norddeutschen Tiefebene von Mooren bedeckt waren, so waren die übrigen Landschaften erschlossen, so: STEUER, H.: (wie Anm. 59), S. 337 f. EBEL-ZEPEZAUER, W.: Eine heile Welt? Alltag und Lebensgrundlage der Germanen in der älteren Römischen Kaiserzeit, in: Landesverband Lippe (Hg.): 2000 Jahre Varusschlacht. Mythos, Stuttgart 2009, S.77. Ptolemaios erwähnt in seiner Geographia (2,12) auch den Ort „Munitium". Es sind immer wieder verschiedene Lokalisierungsvorschläge für diesen sonst nicht erwähnten Ort gemacht worden. Sie reichen von Minden (so: STECHE, T.: Altgermanien im Erdkundebuch des Claudius Ptolemeios, Leipzig 1937, S. 165 und NORDSIEK, H.: Stichwort: Minden, in: Handbuch der historischen Stätten Deutschlands, Nordrhein-Westfalen, Stuttgart 2006, S.736), Bielefeld, Holzminden bis Göttingen. Doch sollen nach KLEINEBERG, A.: (wie Anm. 15) S. 47 die entzerrten Koordinaten bei Ptolemaios den Ort „Munitium" in die Nähe der Römerlager von Hedemünden bei Hann. Münden führen.

69 BREMER, E.: (wie Anm. 31), S. 88, 95. JASCHKE, K.: (wie Anm. 47), S. 200.

70 BREMER, E.: (wie Anm. 31), S. 62. Zum Zustand der Flüsse Rhein und Lippe siehe: HERGET, J., KLOSTERMANN, J., GERLACH,

R.: Schiffe auf Rhein und Lippe zur Römerzeit, in: Archäologie in Deutschland, H.4/2007, S. 34 ff.

71 Prof. Dr. Klaus Temlitz, langjähriger Geschäftsführer der „Geographischen Kommission für Westfalen“ half auch hier mit dem Hinweis, dass es diese geographische Begriffszuordnung erst seit der Neuzeit gibt.

72 GOETZ, H. W., WELWEI, K. W. (Hg.): (wie Anm. 4) in dreizehn Textstellen von sieben antiken Autoren ist von „Transrhenani“ oder von „trans Rhenum“ die Rede

73 zitiert nach: OVERSCHMIDT, H.: Führerschein: A für Segler, Bielefeld, Berlin 1996 (4. Aufl.), S. 132

74 ELLMERS, D.: Frühe Schiffahrt auf Ober- u. Mittelweser und ihren Nebenflüssen, in: BACHMANN, J., HARTMANN, H.(Hg.): Schiffahrt-Handel-Häfen, Minden 1987, S. 38. SCHRADER, E.: (wie Anm. 33), Nr. 24 u. 29.

75 TODD, M.: Die Germanen, Darmstadt 2000, S. 69; KLEINEBERG, A., (wie Anm. 15) S. 42 ; SCHRADER, E.: (wie Anm. 33), Nr. 29

76 SCHRADER, E.: (wie Anm. 33), Nr. 26 und I A (Die Strömungsverhältnisse in der Deutschen Bucht)

77 LOEBE, K.: Das Weserbuch, Hameln 1968, S. 17 f.

78 HANSLIK, R.: (wie Anm. 60), Sp. 768

79 LANDELS, J. G.: (wie Anm. 55), S. 207 f.

80 VIERECK, H. D. L.: (wie Anm. 27), S. 134

81 BREMER, E.: (wie Anm. 31), S. 92

82 Archäologische Ausgrabungen legen den Schluss nahe, dass sich in Nijmwegen eine bedeutende Befehlszentrale der römischen Militärführung wohl für das Gebiet der heutigen Niederlande befand. Dazu u. zu Nijmwegen: v. ENCKEVORT, H., HAALEBOS, J.K.: Frührömische Lager in Nijmwegen (NL), in: KUEHLBORN, J:S: (Hg.): Germaniam pacavi - Germanien habe ich befriedet, Münster 1995, S. 29 u. 48f.

83 STADE, K.: (wie Anm. 60), S. 34 f GOETZ, H. W., WELWEI, K. W. (Hg.): (wie Anm. 4), II. Teil, S. 23, Fußn. 54. Nach VIERECK, H. D. L.: (wie Anm. 27), S. 226, soll es sich beim Drusus–Kanal um den noch heute existierenden Wasserweg zwischen Niederrhein und Ijssel zwischen den Städten Westervoort und Doesburg (bei Arnheim) handeln.

84 STADE, K.: (wie Anm. 60), S. 34 f. MOOSBAUER, G., KUEHLBORN, J. S., RASBACH, G.: (wie Anm. 26), S. 47

85 ein Knoten entspricht einer Seemeile von 1,852 km

86 NEUBURGER, A.: (wie Anm. 45), S. 505 ff. VIERECK, H. D. L.: (wie Anm. 27), S. 28

87 HOECKMANN, O.: (wie Anm. 34), S. 89. Das scheint auch eine Stelle bei PLINIUS (Naturalis historia, 16,5) zu bestätigen, in der er von Fluten losgerissenen Bäumen berichtet, die „gleichsam absichtlich gegen den Bug der nachts vor Anker liegenden Schiffe trieben".

88 VIERECK, H. D. L.: (wie Anm. 27), S. 21

89 In der deutschen Heeresvorschrift: Feld–Pionierdienst aller Waffen (Entwurf vom 12. 12. 1911) DEV Nr. 275, Berlin o. J., S. 205, wird der tägliche Trinkwasserbedarf pro Mann zum Trinken und Kochen mit etwa vier Litern und pro Pferd mit etwa 30 Litern angegeben

90 LANDELS, J. G.: (wie Anm. 55), S. 205

91 VIERECK, H. D. L.: (wie Anm. 27), S. 21. HOECKMANN, O.: (wie Anm. 34), S. 93

92 AßKAMP, R.: Aufmarsch an der Lippe, in: LWL-Römermuseum in Haltern am See (Hg.): 200 Jahre Varusschlacht, Imperium, Stuttgart 2009, S. 176f., AßKAMP, R.: Römerlager in Westfalen, Haltern, Heft 5, Münster 2010, S. 43f.; früher hatte bereits u.a.: WAHLE, E.: Ur- und Frühgeschichte im mitteleuropäischen Raum, in: GEBHARDT: Handbuch der deutschen Geschichte, Bd. 1, München 1973, 9. Aufl. S. 129 Aliso mit Haltern in Verbindung gebracht.

93 DELBRUECK, H.: (wie Anm. 11), S. 155, sieht daher das Kastell an der oberen Lippe gelegen, so wohl auch: HANSLIK, R.: (wie Anm. 60), Sp. 769

94 Über die Vaterverehrung des Germanicus berichtet an anderer Stelle Tacitus (Ann. II, 8,1) wie folgt: Nach der Abfahrt der Flotte „fuhr er in den sog. Drusus–Kanal ein und betete zum Vater Drusus, er möge ihm durch sein Vorbild und die Erinnerung an seine Pläne und Taten beistehen.". WOLTERS, R.: (wie Anm. 24), S. 57

95 DELBRUECK, H.: (wie Anm. 11), S. 123, geht davon aus, dass sich die beiden getrennt marschierenden Heeresteile bei Minden trafen

96 Generell gibt es drei Bautypen römischer Straßen. Nach HERZIG, H.E.: Alle Wege führen nach Rom - erste Ergebnisse der Römer-

straßenforschung in der Schweiz, in: PINGEL, V. (Hg.): Wege als Ziel, Münster 2002, S. 59 handelt es sich dabei neben der „via lapide“, der bekannten Pflasterstraße, um die via terrena“ mit einer Oberfläche aus gestampfter Erde und um die „via glarea strata“, einer Art Schotterstraße. Siehe auch: GRUENEWALD, CH.: Den rechten Weg finden, in PINGEL: (wie oben) S. 124. Auch bei den Ausgrabungen der römischen Marschlager in Holsterhausen konnten über eine Distanz von 440 m die Randgräben einer römischen Straße, wohl einer „via terrena“ ergraben werden, siehe: EBEL-ZEPEZAUER, W.: Römische Marschlager und germanische Siedlungen, in: LWL-Archäologie für Westfalen (Hg.): (wie Anm. 35) S. 22. Nach KUEHLBORN, J.S.: (wie Anm. 35) S. 154f. dürften die großen Straßen von Holsterhausen und Haltern Teilstücke einer entlang der Lippe verlaufenden Straße gewesen sein. Generell zur Straßenbautechnik der Römer sie: NEUBURGER: (wie Anm. 45) S. 459ff.

97 MILLAR: (wie Anm. 21) S. 44. LAMER, H.: Stichwort: Praetorianer, Wörterbuch der Antike, Stuttgart 1963 (6. Aufl.), Sp. 450.

98 VIERECK, H. D. L.: (wie Anm. 27), S. 204 f. HERODOT: Historien, Stuttgart 1963 (3. Aufl.), S. 470 berichtet in seinem VII. Buch über die Perserkriege des Xerxes gegen Athen und Sparta 480 v. Chr., dass die Perser auch lange Transportschiffe für Pferde einsetzten. Doch auch hierbei dürfte es sich nur um kurze Schiffspassagen gehandelt haben.

99 STADE, K.: (wie Anm. 60), S. 27

100 VIERECK, H. D. L.: (wie Anm. 27), S. 204 f.

101 DVE Nr. 275 (wie Anm. 91), S. 248

102 DVE Nr. 275 (wie Anm. 91), S. 75

103 Nach DELBRUECK, H.: (wie Anm. 11), S. 199, mussten die Wurfgeschütze an Land von Maultieren gezogen werden. Diese dürften also auch per Schiff mittransportiert worden sein, falls sie nicht gesondert mit den Truppen von der Lippe herangeführt wurden.

104 VIERECK, H. D. L.: (wie Anm. 27), S. 85

105 MATTHEWS, L. H.: Das Leben der Säugetiere, Bd. 2, Lausanne 1972, S. 598

106 ASSKAMP, R.: Die römische Legion, in: TRIER, B. (Hg.): (wie Anm. 6), S. 118

107 Germanicus legte besonderen Wert auf die Einhaltung bewährter „Feldherrenkunst", wie Tacitus (Ann. II, 11,1) an anderer Stelle ausdrücklich erwähnt

108 HOECKMANN, O.: (wie Anm. 34), S. 139. BREMER, E.: (wie Anm. 31), S. 91 f.

109 DELBRUECK, H.: (wie Anm. 11), S. 62

110 WOLTERS, R.: (wie Anm. 24), S. 89. BREPOHL, W.: (wie Anm. 1), S. 14 f.

111 GILLIVER, K.: (wie Anm. 67) S. 119f

112 BERKE, St.: Kult und Totenbrauch, in: TRIER, B. (Hg.): (wie Anm. 6), S. 176. BAYER, E.: Stichwort: Adler und Feldzeichen, in: Lexikon der Alten Welt: (wie Anm. 28), Sp. 19 u. 955. NEUMANN, A.: (wie Anm. 22), Sp. 480. LARMER, H.: Stichwort: Feldzeichen, in: Wörterbuch der Antike, Stuttgart 1963 (6. Aufl.), S. 161

113 BREPOHL, W.: (wie Anm. 1), S. 73 f.

114 SIMEK, R.: Religion und Mythologie der Germanen, Darmstadt 2003, S. 128; ELIADE: (wie Anm. 14) S. 144

115 GRIMM, J.: Deutsche Mythologie (Nachdruck der 4. Aufl. Berlin 1875 - 1878), Bd. 1, Wiesbaden o. J.,S. 332.NEDOMA, R.: Stichwort: Idistaviso, in: HOOPS, J. (Hg.): (wie Anm. 2), Bd. 15, Berlin, New York 2000, S. 323 f. kommt zu dem Schluss, dass es für das Bestimmungselement von Idistaviso bei einem "non liquet" (also: ungeklärt) bleibt

116 GOLTHER, W.: Handbuch der germanischen Mythologie (Nachdruck der Ausgabe von 1908), Stuttgart o. J., S. 110

117 BREPOHL, W.: (wie Anm. 1), S. 70ff.

118 HORSTMANN, W.: (wie Anm. 36), S. 27; GILLIVER: (wie Anm. 67) S. 76

119 GUENTHER, K.: Die Nammer Burg bei Porta Westfalica, Frühe Burgen in Westfalen 10, Münster 1990, S. 11. Zur Besiedlung in vorrömischer Zeit siehe auch: SICHERL, B.: Namenlose Stämme. Nordwestdeutschland am Vorabend der römischen Okkupation, in: Landesverband Lippe (Hg.): 2000 Jahre Varusschlacht. Mythos, Stuttgart 2009, S.48ff. MEYER, M.: Der deutsche Mittelgebirgsraum um die Zeitenwende, in: Landesverband Lippe (Hg.): 2000 Jahre Varusschlacht. Mythos, Stuttgart 2009, S. 58ff.

120 HORN, H. G.: (wie Anm. 43), S. 240. Die medizinische Versorgung der römischen Armee ging auf Augustus zurück, der wohl erkannt

hatte, dass es lohnender ist, Soldaten als wertvolle Fachkräfte medizinisch gut zu versorgen, als neue Soldaten als Ersatz zu rekrutieren und auszubilden. So: KUENZLE, E.: Die medizinische Versorgung der römischen Armee z. Z. des Kaisers Augustus und die Reaktion der Römer auf die Situation bei den Kelten und Germanen, in: TRIER, B. (Hg.): (wie Anm. 3), S. 199. Die meisten Militärärzte stammten aus dem griechischsprachigen Teil des römischen Reiches. Daneben gab es noch speziell medizinisch ausgebildete Soldaten, die in etwa mit den heutigen Sanitätern zu vergleichen sind. Die Behandlung der Verwundeten und Kranken erfolgte während der Feldzüge im Marschlager in eigenen Lazarettzelten. Siehe BERKE, St.: Medizin und Hygiene, in: TRIER, B. (Hg.): (wie Anm. 6), S. 171. Über die Versorgung ihrer verwundeten Krieger gibt es bei den Germanen keine gesicherte Überlieferung. DAXELMUELLER, Ch.: Stichwort: Heilbräuche und Heilzauber, in: HOOPS, J. (Hg.): (wie Anm. 2), Bd. 14, Berlin, New York 1999, S. 162, verweist daher nur auf die marginale Information bei Tacitus in der Germania (7,2), dass es Aufgabe der Frauen gewesen sei, das Heer zu begleiten und sich der Verwundeten anzunehmen.

121 DE LIBEROL, L.: Vae Victis! Das Schicksal der Besiegten der römischen Antike, in: Varusschlacht im Osnabrücker Land GmbH, – Museum und Park Kalkriese (Hg): 2000 Jahre Varusschlacht. Konflikt, Stuttgart 2009, S.283.

122 Der Generalstab gliedert sich in den „ordo senatoris“ und „ordo equester“, deren Mitglieder den beiden höchsten Rängen in der römischen Bürgerschaft angehören mussten – den Senatoren und Rittern. RASBACH, G., HUESSEN, C. M.: (wie Anm. 43), S. 245); NEUBURGER: (wie Anm. 45) S. 224ff.

123 MILDENBERGER, G.: (wie Anm. 35), S. 146

124 HEIMBS, G.: Römerspuren in unserer Heimat, in: Mindener Heimatblätter, 6. Jg., Minden 1928

125 HEIMBS, G.: (wie Anm. 126), 7. Jg., Minden 1929 (Fortsetzung des vorjährigen Beitrages)

126 HEIMBS, G.: Der Angrivarisch–Cheruskische Grenzwall, in: Mindener Heimatblätter, 10. Jg., Minden 1932

127 SCHRADER, E.: (wie Anm. 33), Nr. 56

128 WENSKUS, R.: (wie Anm. 29), S. 431

129 LEHMANN, G. A.: (wie Anm. 9), S. 129

130 MILDENBERGER, G.: (wie Anm. 35), S. 146
131 JANKUHN, H.: Stichwort: Befestigungen und Befestigungswesen, in: HOOPS, J. (Hg.): (wie Anm. 29), S. 140 f.
132 siehe auch: CAESAR: De bello Gallico, 4, 1.3
133 BECK, H.: Stichwort: Befestigungen und Befestigungswesen, in: HOOPS, J. (Hg.): (wie Anm. 29), S. 146 f. WILLROTH, K. H.: Ein neuer Werkstoff – eine neue Zeit? in: v. FREEDEN, U., v. SCHNURBEIN, S. (Hg.): (wie Anm. 43), S. 202. WIEGELS, R.: Die Ausgangslage: Germanenbegriff und Germanenvorstellung in caesarischer Zeit und im frühen Prinzipat, in: WIEGELS, R. (Hg.): (wie Anm. 5), S. 38
134 SCHRADER, E.: (wie Anm. 33), Nr. 56
135 BECK, H.: (wie Anm. 135), S. 146 f.
136 dies wird von HORSTMANN, W.: (wie Anm. 36), S. 33, nicht ausgeschlossen
137 MILDENBERGER, G.: (wie Anm. 35), S. 146 f.
138 SCHULTZE, E.: Germanisches Leben zwischen Ostsee und Rhein, in: v. FREEDEN, U., v. SCHNURBEIN, S. (Hg.): (wie Anm. 43), S. 276 f.
nach WILLROTH, K. H.: (wie Anm. 135), S. 196, war auch den meisten eisenzeitlichen Kulturen des Nordens der Befestigungsbau fast völlig fremd. STEUER, H.: Stichwort: Germanen, Germania, Germanische Altertumskunde, in: HOOPS, J. (Hg.): (wie Anm. 2), S. 348
139 HACHMANN, R.: Die Germanen (Archaeologia Mundi), München o. J., S. 86 f.
140 MILDENBERGER, G.: (wie Anm. 35), S. 154
141 WILLROTH, K. W.: (wie Anm. 135), S. 196
142 BERENGER, D.: Die eisenzeitlichen Burgen Westfalens, in: TRIER, B. (Hg.): Hinter Schloss und Riegel, Münster 1997, S. 72
143 STEUER, H.: Stichwort: Erdwerke, in: HOOPS, J. (Hg.): (wie Anm. 29), S. 467
144 GRAICHEN, G.: Das Kultplatzbuch, München 1991, S. 238
145 DELBRUECK, H.: (wie Anm. 11), S. 139
146 RASBACH, G., HUESSEN, C. M.: (wie Anm. 43), S. 245
147 Zur Technik, Funktions– und Einsatzweise von Katapulten, siehe u. a.: LANDELS, J. G.: (wie Anm. 55), S. 118 ff.
148 BREMER, E.: (wie Anm. 31), S. 13

149 DELBRUECK, H.: (wie Anm. 11) S. 130

150 BERKE, St.: Kult und Totenbrauch, in: TRIER, B. (Hg.): (wie Anm. 6), S. 176. DE LIBEROL, L: (wie Anm. 123), S. 281

151 BREPOHL, W.: (wie Anm. 1), S. 122
SCHULTZE, E.: (wie Anm. 140), S. 284

152 LOEBE, K.: (wie Anm. 77), S. 25

153 LOEBE, K.: (wie Anm. 77), S. 26

154 LOEBE, K.: (wie Anm. 77), S. 28

155 ASSKAMP, R.: (wie Anm. 108), S. 118

156 BREMER, E.: (wie Anm. 31), S. 85

157 SCHRADER, E.: (wie Anm. 33), I A (Wattenmeer und Inselwelt). Durch die Häufigkeit und Stärke der in der südlichen Nordsee vorherrschenden nordwestlichen Winde werden oft gewaltige Wassermassen in die Deutsche Bucht getrieben, die sich an der Küste bis vier Meter über das mittlere Hochwasser hinaus aufstauen. Die heutige Küstenlinie wurde durch die sog. subatlantische Transgression (Meeresausweitung) vor etwa 700 - 300 v. Chr. gestaltet. Bis auf große Landverluste vor allem im heutigen Dollart und Jadebusen durch große Sturmfluten im Mittelalter (Marcellus–Flut von 1362 und Dyonisius–Flut von 1373) ist die Küstenlinie seit der augusteischen Zeit weitgehend gleichgeblieben.

158 KEHNE, P.: (wie Anm. 3), S. 445

159 KEHNE, P.: (wie Anm. 3), S. 444
WOLTERS, R.: (wie Anm. 5), S. 141, bezeichnet die Verluste der römischen Truppen während der Germanicus–Feldzüge in der Summe annähernd so hoch, wie in den zwanzig Okkupationsjahren zuvor geschätzt, einschl. der Varus–Katastrophe.

160 LEHMANN, G. A.: (wie Anm. 9), S. 124 ff. WIEGELS, R.: (wie Anm. 5), S. 122. KEHNE, P.: (wie Anm. 3), S. 444 f WOLTERS, R.: (wie Anm. 24), S. 55. ECK, W.: (wie Anm. 5, ECK 2009), S.188.

161 Man könnte fast annehmen, dass die mutmaßliche Kriegslist des Arminius, kurz vor der Abfahrt der „Classis Germanica“ sowohl den Tumulus für die Gefallenen der Varuskatastrophe als auch den Drususaltar zu zerstören, mit dazu beigetragen hat, den Tiberius zu veranlassen, den verlustreichen Kampf gegen die Weser-Ems-Germanen zu beenden. Bedingt durch die zeitaufwändige Wiederherstellung des Drususaltars durch Germanicus verzögerte sich be-

kanntlich nicht unerheblich die geplante Abfahrt der römischen Flotte und somit auch der Beginn der Großoffensive gegen die Arminius-Koalition. Dadurch zogen sich die späteren Kämpfe und Schlachten bis zum Herbst hin, mit dem bekannten Ergebnis, dass Germanicus bei der Rückfahrt zum Rhein mit seiner Flotte in die gefürchteten, verheerenden Herbststürme geriet. Die hierdurch entstandenen enormen Verluste an Menschen, Tieren, Schiffen, Waffen und sonstigem Gerät gaben schließlich dem Tiberius die entscheidenden Gründe dafür, die Kämpfe gegen die Arminius-Koalition einzustellen. Wäre Germanicus ohne größeren Verlust rechtzeitig in die Winterlager zurückgekehrt, hätte Tiberius wohl keinen triftigen Grund gehabt, dem Germanicus die von ihm für das kommende Jahr geplante abschließende Offensive gegen Arminius zu untersagen.

162 u. a. GOETZ, H. W., WEILWEI, K. W. (Hg.): (wie Anm. 4), II. Teil, S. 117, Fußn. 54
LEHMANN, G. A.: (wie Anm. 9), S. 131

163 LEHMANN, G. A.: (wie Anm. 9), S. 124–141. WOLTERS, R.: (wie Anm. 5, WOLTERS 2009), S.212.

164 GOETZ, H.W., WELWEI, K.W. (Hg.): wie Anm. 4, II. Teil) S. 134. WOLTERS, R.: (wie Anm. 5, WOLTERS 2009), S.215f.

165 GESCHWINDE, M., HASSMANN, H., LOENNE, F., MEYER, M., MOOSBAUER, G.: Roms Vergessener Feldzug. Das neu entdeckte Schlachtfeld am Harzhorn in Niedersachsen, in: Varusschlacht im Osnabrücker Land, GmbH - Museum und Park Kalkriese (Hg.): 2000 Jahre Varusschlacht. Konflikt, Stuttgart 2009, S. 228ff.

166 KUEHLBORN, J. S.: Zwischen Herrschaftssicherung und Integration, in: WIEGELS, R. (Hg.): (wie Anm. 5), S. 93. WOLTERS, R.: (wie Anm. 5), S. 141 f. HEINRICHS, J.: (wie Anm. 26), S. 288 ff., erklärt das Problem fehlender germanicuszeitlicher Münzspektren östlich des Rheines damit, dass die Truppen des Germanicus bei ihren Feldzügen gegen die Arminius–Koalition keine Münzen bei sich getragen haben, die sie hätten verlieren können.

167 siehe hierzu auch: WIEGELS, R.: (wie Anm. 10), S. 9. MOMMSEN, TH.: (wie Anm. 6), S. 61

Literatur

ASSKAMP, R.: Die Römische Legion, in: TRIER, B. (Hg.): 2000 Jahre Römer in Westfalen, Mainz 1989

ASSKAMP, R., SCHAEFER, CH.: (Hg.): Projekt Römerschiff, Hamburg 2008

ASSKAMP, R.: Aufmarsch an der Lippe. Römische Militärlager im rechtsrheinischen Germanien, in: LWL-Römermuseum Haltern am See (Hg.): 2000 Jahre Varusschlacht. Imperium, Stuttgart 2009

ASSKAMP, R.: Römerlager in Westfalen, Haltern, Heft 5, Münster 2010

BAYER, E.: Stichwort: Adler und Feldzeichen in: Lexikon der Alten Welt, Bd. I, Düsseldorf 2001

BECK, H.: Stichwort: Befestigungen und Befestigungsanlagen, in HOOPS, J. (Hg.): Reallexikon der Germanischen Altertumskunde, Bd. 4, Berlin, New York 1981

BERENGER, D.: Die eisenzeitlichen Burgen Westfalens, in: TRIER, B. (Hg.): Hinter Schloss und Riegel, Münster 1997

BERKE, St.: Kult und Totenbrauch, Medizin und Hygiene, in: TRIER, B. (Hg.): 2000 Jahre Römer in Westfalen, Mainz 1989

BREMER, E.: Die Nutzung des Wasserweges zur Versorgung der römischen Militärlager an der Lippe, in: Siedlung und Landschaft in Westfalen, Bd. 31, (Hg.): Geographische Kommission für Westfalen, Münster 2001

BREPOHL, W.: Neue Überlegungen zur Varusschlacht, Münster 2011 (3. Aufl.)

DAXELMUELLER, Ch.: Stichwort: Heilbräuche und Heilzauber in: HOOPS, J. (Hg.): Reallexikon der Germanischen Altertumskunde, Bd. 14, Berlin, New York 1999

DELBRUECK, H.: Geschichte der Kriegskunst: Die Germanen, (Nachdruck der Neuausgabe 2000) Hamburg 2003

DE LIBEROL, L.: Vae Victis! Das Schicksal der Besiegten in der Antike, in: Varusschlacht im Osnabrücker Land GmbH. – Museum und Park Kalkriese, (Hg.): 2000 Jahre Varusschlacht. Konflikt, Stuttgart 2009

DURANT, W.: Der Principat, in : Kulturgeschichte der Menschheit, Bd. 8, Lausanne o. J.

DVD, Nr. 275 (Feldpionierdienst aller Waffen), Berlin 1911

EBEL-ZEPEZAUER, W.: Eine heile Welt? Alltag und Lebensgrundlage der Germanen in der älteren Römischen Kaiserzeit, in: Landesverband Lippe (Hg.): 2000 Jahre Varusschlacht. Mythos, Stuttgart 2009

EBEL-ZEPEZAUER, W.: Römische Marschlager und Germanische Siedlungen, in: LWL-Archäologie für Westfalen (Hg.): Augusteische Marschlager und Siedlungen des 1. u. 9. Jahrhunderts in Dorsten-Holsterhausen, Mainz 2009

ECK, W.: Augustus und seine Zeit, München 2003 (3. Aufl.)

ECK, W.: Eine römische Provinz. Das augusteische Germanien links und rechts des Rheins, in: LWL-Römermuseum Haltern am See (Hg.): 2000 Jahre Varusschlacht. Imperium, Stuttgart 2009

ECK, W.: Die römischen Provinzen. Herrschaft und Verwaltungspraxis in der frühen Kaiserzeit, in: LWL-Römermuseum Haltern am See (Hg.): 2000 Jahre Varusschlacht. Imperium, Stuttgart 2009

ELIADE, M: Geschichte der religiösen Ideen, Freiburg 1994, 2. Aufl Bd. 2

ELLMERS, D.: Frühe Schiffahrt auf Ober- und Mittelweser und ihren Nebenflüssen, in: BACHMANN, J., HARTMANN, H. (Hg.): Schiffahrt-Handel-Häfen, Minden 1987.

ELLMERS, D.: Stichwort: Rudereinrichtung, in: HOOPS, J. (Hg.): Reallexikon der Germanischen Altertumskunde, Bd. 25, Berlin, New York 2003

v. ENCKEVORT, H., HAALEBOS, J.K.: Frührömische Lager in Nimwegen (NL): in: KUEHLBORN, J:S: (Hg.): Germaniam pacavi - Germanien habe ich befriedet, Münster 1995

GECHTER, M.: Das römische Heer in der Provinz Niedergermaniens, in: HORN, H. G.: (Hg.): Die Römer in NRW, Stuttgart 1987

GESCHWINDE, M., HASSMANN, H., LOENNE, F., MEYER, M., MOOSBAUER, G.: Roms vergessener Feldzug. Das neu entdeckte Schlachtfeld am Harzhorn in Niedersachsen, in: Varusschlacht im Osnabrücker Land, GmbH - Museum und Park Kalkriese (Hg.): 2000 Jahre Varusschlacht. Konflikt, Stuttgart 2009

GILLIVER, K.: Auf dem Weg zum Imperium. Die Geschichte der römischen Armee, Hamburg 2007

GOETZ, H. W., WELWEI, K. W. (Hg.): Altes Germanien, I. u. II. Teil, Darmstadt 1995

GOLTHER, W.: Handbuch der Germanischen Mythologie (Nachdruck der Ausgabe von 1908), Stuttgart o. J.

GOTTLIEB, G.: Stichwort: Cohorte, in: Lexikon der Alten Welt, Bd. 1, Düsseldorf 2001
GRAICHEN, G.: Das Kultplatzbuch, München 1991
GRIMM, J.: Deutsche Mythologie, Bd. 1, Wiesbaden o. J. (Nachdruck der 4. Auflage Berlin 1875 – 78)
GRUENEWALD, CH.: Den rechten Weg finden. Zur Wegeforschung im Regierungsbezirk Münster aus archäologischer Sicht, in: PINGEL, V. (Hg.): Wege als Ziel, Münster 2002
GUENTHER, K.: Die Nammer Burg bei Porta Westfalica, Frühe Burgen in Westfalen 10, Münster 1990
HACHMANN, R.: Die Germanen (Archaelogia Mundi), München o. J.
HANSLIK, R.: Stichwort: Germanicus, in: ZIEGLER, K., SONTHEIMER, W. (Hg.): Der kleine Pauly, München 1979
HAUSEN, J.: Schiffbau in der Antike, Herford 1979
HEICHELHEIM, F. M.: Römische Sozial- und Wirtschaftsgeschichte, in: VALJAVEC, F.: Historia Mundi, Bd. 4, Bern 1956
HEIMBS, G.: Römerspuren in unserer Heimat, in: Mindener Heimatblätter, 6. Jg., Minden 1928, 7. Jg., Minden 1929 (Fortsetzung)
HEIMBS, G.: Der Angrivarisch-Cheruskische Grenzwall, in: Mindener Heimatblätter, 10. Jg., Minden 1932, Nr. 2
HEINRICHS, J.: Vor dem Oppidum Ubiorum, in: LEHMANN, G. A., WIEGELS, R. (Hg.): Römische Präsenz und Herrschaft im Germanien der augusteischen Zeit, Göttingen 2007
HERGET, J., KLOSTERMANN, J., GERLACH, R.: Schiffe auf Rhein und Lippe zur Römerzeit, in: Archäologie in Deutschland, H.4/ 2007
HERODOT: Historien, Stuttgart 1963 (3.Aufl.)
HERZIG, H.E.: Alle Wege führen nach Rom - erste Ergebnisse der Römerstraßenforschung in der Schweiz, in: PINGEL, V. (Hg.): Wege als Ziel, Münster 2002
HERZOG, P.: Stichwort: Flottenwesen, in: CANIK, H., SCHNEIDER, E. (Hg.): Der neue Pauly, Bd.4, Stuttgart, Weimar o.J.
HOECKMANN, O.: Antike Seefahrt, München 1985
HORN, H. G.: Was ist wahr an Varus? Eine Frage ohne klare Antwort, in: HORN, H. G., HELLENKEMPER, H., ISENBERG, G., KUNOW, J. (Hg.): Von Anfang an, Archäologie in Nordrhein-Westfalen, Mainz 2005
HORN, H. G. (Hg.): Das Leben im römischen Rheinland, in: HORN, H.

G. (Hg.): Die Römer in NRW, Stuttgart 1987

HORSTMANN, W.: Die Römer an der Weser, in: Mitteilungen des Mindener Geschichtsvereins, Jg. 51, Minden 1981

ILISCH, P.: Geld und Sold, in: TRIER, B. (Hg.): 2000 Jahre Römer in Westfalen, Mainz 1989

JANKUHN, H.: Stichwort: Befestigungen und Befestigungsanlagen, in: HOOPS, J. (Hg.): Reallexikon der Germanischen Altertumskunde, Bd. 4, Berlin, New York 1981

JASCHKE, K.: Tonnenweise Getreide. Die Versorgung der römischen Legionslager an der Lippe, in: LWL-Römermuseum Haltern am See (Hg.): 2000 Jahre Varusschlacht. Imperium, Stuttgart 2009

JUNKELMANN, M.: Die Reiter Roms (3 Bde.), Mainz 1990, 1991, 1992

KEHNE, P.: Stichwort: Germanicus, in: HOOPS, J. (Hg.): Reallexikon der Germanischen Altertumskunde, Bd. 11, Berlin, New York 1988

KINDE, H., HILGEMANN, W.: dtv-Atlas zur Weltgeschichte, Bd. 1, München 1965 (2. Aufl.)

KLAUSMEIER, A.: Messen, Wiegen, Zählen, Herrsching 1991

KLEINEBERG, A., MARX, CH., KNOBLOCH, E., LELGEMANN, D.: Germania und die Insel Thule. Die Entschlüsselung von Ptolemaios' „Atlas der Oikumene", Darmstadt 2010

KUEHLBORN, J. S.: Zur Geschichte des Lagers Oberaden, in: Bodenaltertümer Westfalens, Bd. 37, Münster 1992

KUEHLBORN, J. S.: Die Grabungen in den westfälischen Römerlagern, in: HORN, H. G., HELLENKEMPER, H., ISENBERG, G., KUNOW, J. (Hg.): Von Anfang an, Archäologie in Nordrhein-Westfalen, Mainz 2005

KUEHLBORN, J. S.: Die Ausgrabungen in den frühen kaiserzeitlichen Militäranlagen an der Lippe, in: LEHMANN, G. A., WIEGELS, R. (Hg.): Römische Präsenz und Herrschaft im Germanien der augusteischen Zeit, Göttingen 2007

KUEHLBORN, J. S.: Zwischen Herrschaftssicherung und Integration, in: WIEGELS, R. (Hg.): Die Varusschlacht, Stuttgart 2007

KUEHLBORN, J. S.: Zur archäologisch-historischen Einordnung der Marschlager von Holsterhausen, in: LWL-Archäologie für Westfalen (Hg.): Augusteische Marschlager und Siedlungen des 1. u. 9. Jahrhunderts in Dorsten-Holsterhausen, Mainz 2009

KUENZLE, E.: Die medizinische Versorgung der römischen Armee zur Zeit des Kaisers Augustus und die Reaktion der Römer auf die Situation bei den Kelten und Germanen, in: TRIER, B. (Hg.): Die römische Okkupation nördlich der Alpen zur Zeit des Augustus, in: Bodenaltertümer Westfalens, Bd. 26, Münster 1991

LANDELS, J. G.: Die Technik in der alten Welt, Gütersloh o. J.

LAMER, H.: Wörterbuch der Antike, Stuttgart 1963 (6. Aufl.)

LE BOHEC, Y.: Die römische Armee. Ihre Organisation von augusteischer Zeit bis zur Regierung Diolectians, in: Varusschlacht im Osnabrücker Land GmbH. – Museum und Park Kalkriese (Hg): 2000 Jahre Varusschlacht. Konflikt, Stuttgart 2009

LEHMANN, G. A.: Die Varus-Katastrophe aus der Sicht des Historikers, in TRIER, B. (Hg.): 2000 Jahre Römer in Westfalen, Mainz 1989

LEHMANN, G. A.: Zum Problem des römischen "Verzichts" auf die Okkupation Germaniens – von der Varus-Katastrophe 9 n. Chr. zu den „res gestae“ des Germanicus Caesar in der Tabula Siarensis (19 n. Chr.), in: TRIER, B. (Hg.): Die römische Okkupation nördlich der Alpen zur Zeit des Augustus, in: Bodenaltertümer Westfalens, Bd. 26, Münster 1991

LEHMANN, G. A.: Das Ende der römischen Herrschaft über das „westelbische“ Germanien, in: WIEGELS, R., WOESLER, W. (Hg.): Arminius und die Varusschlacht, Paderborn 1995

LEHMANN, G. A.: Tacitus und die Dokumente – Einige Überlegungen, in: LEHMANN, G. A., WIEGELS, R. (Hg.): Römische Präsenz und Herrschaft im Germanien der augusteischen Zeit, Göttingen 2007

LOEBE, K.: Das Weserbuch, Hameln 1968

MATTHEWS, L. H.: Das Leben der Säugetiere, Bd. II, Lausanne 1972

MAUERSBERGER, A.: Tacitus Germania, Frankfurt 1980

MEYER, M.: Der deutsche Mittelgebirgsraum um die Zeitenwende, in: Landesverband Lippe (Hg.): 2000 Jahre Varusschlacht. Mythos, Stuttgart 2009

MILDENBERGER, G.: Germanische Burgen, Bd. VI der Westfälischen Altertumskommission, Münster 1978

MILLAR, F.: Die Kaiser, in: MILLAR, F. (Hg.): Das römische Reich und seine Nachbarn, Frankfurt 1973, 3. Auflage

MOMMSEN, TH.: Römische Geschichte, Bd. 6, München 1976 (2. Aufl.)

MOOSBAUER, G., KUEHLBORN, J. S., RASBACH, G.: Kommunikationslinien, in: WIEGELS, R. (Hg.): Die Varusschlacht, Stuttgart 2007

MOOSBAUER, G., RASBACH, G.: Germanische Besiedlung und Verkehrswege, in: WIEGELS, R. (Hg.): Die Varusschlacht, Stuttgart 2007

MOREL, J. M. A.: Die Entwicklung der frühen römischen Militärhäfen in Nordwesteuropa, in: TRIER, B. (Hg.): Die römische Okkupation nördlich der Alpen zur Zeit des Augustus, in: Bodenaltertümer Westfalens, Bd. 26, Münster 1991

NEDOMA, R.: Stichwort: Idistaviso, in: HOOPS, J. (Hg): Reallexikon der Germanischen Altertumskunde, Bd. 15, Berlin, New York 2000 (2. Aufl.)

NEUBURGER, A.: Die Technik des Altertums, (Nachdruck der 4. Auflage von 1919), Leipzig 1981

NEUMANN, A.: Stichwort: Exercitus, in: ZIEGLER, K., SONTHEIMER, W. (Hg.): Der kleine Pauly, München 1979

NEUMANN, G.: Stichwort:Germanen, Germania, Germanische Altertumskunde, in: HOOPS, J. (Hg.): Reallexikon der Germanischen Altertumskunde, Bd. 11, Berlin, New York 1988

NICOLAY, J.A.: Bürger Roms. Germanische Heimkehrer aus dem römischen Militärdienst, in: Varusschlacht im Osnabrücker Land GmbH. – Museum und Park Kalkriese (Hg): 2000 Jahre Varusschlacht. Konflikt, Stuttgart 2009

NORDSIEK, H.: Stichwort: Minden, in: HANDBUCH DER HISTORISCHEN STAETTEN: Nordrhein-Westfalen, 3. völlig neu bearbeitete Auflage, Stuttgart 2006

NORKUS, J.: Die Feldzüge der Römer in Nordwestdeutschland in den Jahren 9–16 n. Chr. von einem Soldaten gesehen, Hildesheim 1963

OPLADEN-KAUDER, J.: Das römerzeitliche Plattbodenschiff in Xanten-Wardt, in: HORN, H.G., HELLENKEMPER, H., KOSCHIK, H. TRIER, B. (Hg.): Ein Land macht Geschichte, Archäologie in Nordrhein-Westfalen, Köln 1995

OVERSCHMIDT, H.: Führerschein A für Segler, Bielefeld, Berlin 1966 (4. Aufl.)

PECARY, TH.: Stichwort: Verkehr, in: Lexikon der Alten Welt, Düsseldorf 2001

POLENZ, H.: Römer und Germanen in Westfalen, Münster 1985

POTTER, E.B.: Die Rolle der Seemacht in der Antike, in: POTTER,

E.B., NIMITZ, CH.W.: Seemacht. Von der Antike bis zur Gegenwart (bearbeitet von HEINSIUS, P.), Herrsching 1982, S. 2 u. 11

RASBACH, G., HUESSEN, C. M.: Römische Welt in Stadt und Land, in: v. FREEDEN, U.,v. SCHNURBEIN, S. (Hg.): Germanica, unsere Vorfahren von der Steinzeit bis zum Mittelalter (für die Römisch-Germanische Kommission des Deutschen Archäologischen Instituts), Augsburg 2006

RIEMER, U.: Die römische Germanienpolitik, Darmstadt 2006

ROTHENHOEFER, P.:Metalla pretium victoriae – Neue Erkenntnisse zum römischen Bergbau in Germanien während der Okkupationsphase, in: KOEHNE,R., REININGHAUS, W., STOELLNER, T.H. (Hg.): Bergbau im Sauerland. Westfälischer Bergbau in der Römerzeit und im Frühmittelalter, Münster 2006

RUDNIK, B.: Kneblinghausen, Römerlager in Westfalen 1, Münster 2008

SALAĆ, V., v . CARNAP-BORNHEIM C.: Ritual, Politik, Kommunikation oder: Was geschah mit dem Kopf des Publius Quinctilius Varus? in: Landesverband Lippe (Hg.): 2000 Jahre Varusschlacht. Mythos, Stuttgart 2009

SCARDIGLI, B.: Stichwort: Germanen, Germania, Germanische Altertumskunde, in: HOOPS, J. (Hg.): Reallexikon der Germanischen Altertumskunde, Bd. 11, Berlin, New York 1998

SCHAEFER, CH.: Alte und neue Wege. Die Erschließung Germaniens für die römische Logistik, in: LWL-Römermuseum Haltern am See (Hg.): 2000 Jahre Varusschlacht. Imperium, Stuttgart 2009

SCHLETTE, F.: Auf den Spuren unserer Vorfahren, Berlin 1988

SCHRADER, E.: Die Landschaften Niedersachsens- Ein topographischer Atlas, Hannover 1965 (3. Aufl.)

SCHULTZE, E.: Germanisches Leben zwischen Ostsee und Rhein, in: v. FREEDEN, U.,v. SCHNURBEIN, S. (Hg.): Germanica, unsere Vorfahren von der Steinzeit bis zum Mittelalter, Augsburg 2006

SICHERL, B.: Namenlose Stämme. Nordwestdeutschland am Vorabend der römischen Okkupation, in: Landesverband Lippe (Hg.): 2000 Jahre Varusschlacht. Mythos, Stuttgart 2009

SIMEK, R.: Religion und Mythologie der Germanen, Darmstadt 2003

SPECKELMEYER, G.: Stichwort: Minden, in: HOOPS, J. (Hg.): Reallexikon der Germanischen Altertumskunde, Bd. 20, Berlin, New York 2002

STADE, K.: Die Römer in Deutschland, in: PUTZGER, F. W.: Historischer Weltatlas, Berlin 1974 (98. Aufl.)

STECHE, T.: Altgermanien im Erdkundebuch des Cladius Ptolemeios, Leipzig 1937

STEUER, H.: Stichwort: Erdwerke, in: HOOPS, J. (Hg.): Reallexikon der Germanischen Altertumskunde, Bd. 7, Berlin, New York 1981

STEUER, H.: Stichwort: Germanen, Germania, Germanische Altertumskunde, in: HOOPS, J. (Hg.): Reallexikon der Germanischen Altertumskunde, Bd. 11, Berlin, New York 1998

STEUER, H.: Besiedlungsdichte, Bevölkerungsgrößen und Heeresstärken, in: LEHMANN, G. A., WIEGELS, R. (Hg.): Römische Präsenz und Herrschaft im Germanien der augusteischen Zeit, Göttingen 2007

STUERZENACKER, E. (Hg.): Marcus Vitruvius Pollio: Über die Baukunst, Essen 1938

TIMPE, D.: Geographische Faktoren und politische Entscheidungen in der Zeit der Varusschlacht, in: WIEGELS, R., WOESLER, W. (Hg.): Arminius und die Varusschlacht, Paderborn 1995

TIMPE, D.: Stichwort: Germanen, Germania, Germanische Altertumskunde, in: HOOPS, J. (Hg.): Reallexikon der Germanischen Altertumskunde, Bd. 11, Berlin, New York 1998

TODD, M.: Die Germanen, Darmstadt 2000

VIERECK, H. D. L.: Die römische Flotte, Herford 1975

ter VRUGT, J.: Stichwort: Manes, in: Lexikon der Alten Welt, Düsseldorf 2001, Bd. 2 Sp. 1839

WAHLE, E.: Ur- und Frühgeschichte im mitteleuropäischen Raum, in: Gebhardt (Hg.): Handbuch der deutschen Geschichte, Bd. 1, München 1973, 9. Aufl.

WEEBER, K.W.: Smog über Attika. Umweltverhalten im Altertum, Reinbek 1993

WENSKUS, R.: Stichwort: Chauken, in HOOPS, J. (Hg.): Reallexikon der Germanischen Altertumskunde, Bd. 4, Berlin, New York 1981

WENSKUS, R.: Stichwort: Cherusker, in: HOOPS, J. (Hg.): Reallexikon der Germanischen Altertumskunde, Bd.4, Berlin, New York 1981

WIEGELS, R.: Die Ausgangslage: Germanenbegriff und Germanenvorstellung in caesarischer Zeit und im frühen Prinzipat, in: WIEGELS, R. (Hg.): Die Varusschlacht, Stuttgart 2007

WILLROTH, K. H.: Ein neuer Werkstoff – eine neue Zeit? in: v. FREEDEN, U., v. SCHNURBEIN, S. (Hg.): Germanica, unsere Vorfahren von der Steinzeit bis zum Mittelalter, Augsburg 2006

WOLFRAM, H.: Die Germanen, München 1995 (2. Aufl.)

WOLTERS, R.: Die Römer in Germanien, München 2000

WOLTERS, R.: Kalkriese und die Datierung okkupationszeitlicher Militäranlagen, in: LEHMANN, G. A., WIEGELS, R. (Hg.): Römische Präsenz und Herrschaft im Germanien der augusteischen Zeit, Göttingen, 2007

WOLTERS, R.: Rache, Anspruch und Verzicht. Die römische Germanienpolitik nach der Varuskatastrophe, in: LWL-Römermuseum Haltern am See (Hg.): 2000 Jahre Varusschlacht. Imperium, Stuttgart 2009

Bildnachweis

BRENTFÜHRER, S. (LWL-Archäologie für Westfalen): Tafeln 2, 3, 5, 6, 7 oben, 8 unten; RÖING, G. (Stadtarchäologie Soest): Tafel 7 unten

Zeittafel und wichtige Personen

A. Römer

CAESAR, C. Julius

geb. 100 v. Chr., gest. 44 v. Chr.

58 – 51 v. Chr.	Eroberung Galliens, Errichtung der Provinz „Gallia transalpina“
55 u. 53 v. Chr.	Brückenschlag über den Rhein als Machtdemonstration gegenüber den Germanen
46 v. Chr.	Ernennung zum Diktator auf 10 Jahre
15.3.44 v. Chr.	Ermordung Caesars

AUGUSTUS, C. Oktavius

geb. 23.09.63 v. Chr., gest. 19.08.14 n. Chr.

44 v. Chr.	Testamentarisch von Caesar adoptiert
31 v. Chr. – 14 n. Chr.	Herrscher des römischen Reiches mit dem Titel „princeps“, alleiniger Oberbefehlshaber über das Heer
27 v. Chr.	Verleihung des Ehrennamen „Augustus“ (der Erhabene) durch den Senat
	Durch Hochzeit mit Livia werden deren Söhne Tiberius und Drusus seine Stiefsöhne
16 v. Chr.	Sugambrer und Tencterer überschreiten den Rhein und bereiten dem römischen Statthalter M. Lollius eine Niederlage.
	Dieses ist für Augustus der Anlass, endgültig die Germanenfrage durch Eroberung der „Germania libera“ zu lösen.
16 – 13 v. Chr.	Zur Vorbereitung dieses Ziels lange Aufenthalte in Gallien und am Rhein
	Verlegung römischer Legionen an den Rhein

	Errichtung der Lager Castra Vetera (Xanten) und Moguntiacum (Mainz) gegenüber den Mündungen von Lippe und Main

DRUSUS, (maior) Nero Claudius

geb. 38 v.Chr., gest. 9 v. Chr

13 v. Chr.	Statthalter von Gallien und Oberbefehlshaber der „Rheinarmee", Aufbau einer Flotte, Bau des sog. Drususkanals/Verbindung des Rheins über den Lacus Flevo (Zuidersee) mit der Nordsee
12 v. Chr.	Vorstoß mit der Flotte wahrscheinlich zur Weser
11 v. Chr.	Vorstoß entlang der Lippe zur Weser, Errichtung des Lagers Oberaden
10 v. Chr.	Kämpfe mit Chatten und Sugambrern
9 v. Chr.	Vorstoß zur Elbe, auf dem Rückzug stirbt Drusus an den Folgen eines Sturzes mit dem Pferd
	Der Senat verleiht ihm posthum den auf Söhne vererbbaren Siegerbeinamen „Germanicus"

TIBERIUS, Nero Claudius

geb. 42 v. Chr., gest. 37 n. Chr.

8 – 7 v. Chr.	Oberbefehlshaber der "Rheinarmee"
	Umsiedlung von ca. 40 000 Sugambrern auf die linke Rheinseite, Beruhigung der militärischen Lage
	Übernahme des 2. Konsulates in Rom
	[Zwischen 1 v. Chr. – 1 n. Chr. war Domitius L. Ahenorbarbus Oberbefehlshaber der „Rheinarmee". Erbauer der „pontes longi" (Bohlenwege durch Sumpfgebiet). Ihm folgte als Oberbefehlshaber 1 – 3 n. Chr. M. Vinicius, der nach dem Zeitgenossen Velleius Paterculus schwere Kämpfe im rechtsrheinischen Germanien zu bestehen hatte.]
4 n. Chr.	Adoption durch Augustus als Tiberius, Julius Caesar

	Augustus mit der Auflage, seinerseits den Sohn Germanicus seines toten Bruders Drusus zu adoptieren.
	Erneut Oberbefehlshaber der „Rheinarmee", Vorstoß an die Weser, Winterlager an der oberen Lippe
	Verträge mit den Cheruskern
5 n. Chr.	Kombinierter Heeres- und Flottenvorstoß zur Elbe
	Germanien gilt als befriedet
6 n. Chr.	Beginn der römischen Großoffensive gegen die unter ihrem Führer Marbod als Bedrohung angesehenen Markomannen im heutigen Böhmen
	Abbruch des Feldzuges, da
6 – 9 n. Chr.	Aufstand in Pannonien (Teile des heutigen Ungarns und Kroatiens) alle römischen Kräfte bindet [Arminius soll sich dort als Führer germ. Hilfstruppen ausgezeichnet haben].
14 – 37 n. Chr.	Nach dem Tod des Augustus sein Nachfolger im Prinzipat

VARUS, Publius Quinctilius

geb. 46 v. Chr., gest. 9 n. Chr.

15 v. Chr.	Befehlshaber der 19. Legion im Alpenfeldkrieg
13 v. Chr.	Konsul, gemeinsam mit Tiberius
	Verheiratet mit der Großnichte Claudia Pulchra des Augustus
6 – 3 v. Chr.	Statthalter in Syrien, als Oberbefehlshaber Niederschlagung jüdischer Aufstände
7 – 9 n. Chr.	Übernahme des Oberkommandos am Rhein als „Statthalter für Gallien" und Oberbefehlshaber der „Rheinarmee" mit dem Auftrag, die Provinzwerdung Germaniens einzuleiten
9 n. Chr.	Sommerlager an der Weser (mutmaßlich im Raum Hameln) Kämpfe mit Germanen unter Arminius Niederlage in der sog. Schlacht am Teutoburger Wald. Er nimmt sich auf dem Schlachtfeld das Leben

GERMANICUS, Julius Caesar Tiberius

geb. 15 v. Chr., gest. 19 n. Chr.

13 – 16 n. Chr.	Statthalter in Gallien und Oberbefehlshaber der „Rheinarmee“
14 – 16 n. Chr.	Die Germanenfeldzüge des Germanicus:
14 n. Chr.	Feldzug gegen die Marser, Zerstörung des Tanfana-Heiligtums
15 n. Chr.	Feldzug gegen die Chatten
	Befreiung des Cheruskeradligen Segestes
	Gefangennahme von Thusnelda, Arminius schwangerer Frau
	Bestattung der römischen Toten auf dem Varusschlachtfeld
	Unentschiedene Schlacht gegen Arminius
	Auf dem Rückmarsch entlang der Nordseeküste geraten zwei Legionen der Oberrhein-Armee in eine Springflut und erleiden erhebliche Verluste
	A. Caecina, Feldherr des Germanicus, gerät mit den vier Legionen der Niederrheinarmee in einen Hinterhalt von Arminius im Bereich der „pontes longi“ und erreicht nur unter starken Verlusten den Rhein.
16 n. Chr.	Schlacht bei Idistaviso, danach Schlacht am sog. Angrivarierwall gegen Arminius im Großraum Minden an der Weser. Römer erklären sich zum Sieger
	Auf der Rückfahrt von der Weser erleidet die Flotte in schweren Herbststürmen große Verluste.
	Als Princeps ruft Tiberius daraufhin Germanicus nach Rom zurück. Befehl zur Einstellung der verlustreichen Offensiven gegen das rechtsrheinische Germanien.
17 n. Chr.	Germanicus erhält zu Ehren seiner Siege über die Germanen und der Rückgewinnung zweier in der Varusschlacht verlorener Legionsadler einen Triumphzug zugesprochen. An dem muss Thusnelda mit ihrem in der Gefangenschaft geborenen Sohn Thumelicus als Gefangene teilnehmen.

B. Arminius (germanischer Gegenspieler der Römer)

ARMINIUS (lat. Name)

(eingedeutscht als „Hermann der Cherusker")

geb. 18. oder 16 v. Chr., gest. 21 n. Chr.

	stammt aus einem vornehmen Adelsgeschlecht der Cherusker.
	Der Vater Segimer ist vor 9 n. Chr. gestorben.
	Flavus, ein Bruder des Arminius, stand zeitlebens im römischen Militärdienst. Es ist nur sein Militärname „der Blonde" bekannt.
	Im Besitz des römischen Bürgerrechtes wird Arminius von Augustus in den römischen Ritterstand erhoben.
	Als ritterlicher Praefekt germanischer Auxiliareinheiten erfolgreiche Teilnahme am pannonischen Aufstand
	Nach Tod seines Vaters Rückkehr in die Heimat, wohl Übernahme der Rechte und Pflichten seines Vaters
9 n. Chr.	Vorbereitung, Koordinierung und Durchführung der siegreichen germanischen Kämpfe gegen das römische Heer des Varus
vor 15 n. Chr.	Heirat mit Thusnelda gegen den Willen ihres Vaters Segestes
15 – 16 n. Chr.	Befehlshaber und Koordinator der germ. Kämpfe gegen Germanicus
17 n. Chr.	Kampf mit Marbod geht zugunsten des Arminius aus
21 n. Chr.	Arminus wird von eigenen Verwandten umgebracht, weil er – so Tacitus – nach dem Abzug der Römer und der Vertreibung Marbods nach der Königsherrschaft trachtet.